剛剛好的遺忘——

該忘的忘，才能記住重要的事！

來自91歲現役身心科醫師的71則人生智慧，讓每天都是最好的一天

ほどよく忘れて生きていく

作者—藤井英子
譯者—陳冠貴

位於京都市左京區下鴨，
隱身於下鴨神社附近，
某棟辦公大樓裡，
一間不起眼的小診所。

在稱不上寬敞的診間裡，
英子醫師溫柔的一句：
「不會有問題的。」，
正是最有效的定心丸。

前言

「請好好珍惜自己喔！」

每次送患者離開診所前，
我總是會這麼交代他們。
刻意不說醫院裡常聽到的「請多保重」，
而是希望大家「好好珍惜自己」。

「你的存在是非常非常重要的。你是為了療癒自己才來到這裡，對此我懷抱著深深敬意。我會盡力做好醫師該做的事，除此之外，就要請你好好愛護自己、調養身心，讓自己恢復健康喔！」

所謂的「請多保重」，其實隱含了這些心意。

然而，當它變成在醫院裡習以為常的固定招呼用語時，聽者很難接收到這句話背後隱含的真誠心意。

所以，我刻意改用不同於平常的話語，希望將祝福順利傳達到患者心裡。當我看著患者的眼睛說出「要好好珍惜自己喔！」時，很多人都露出驚訝的表情。

這個狀況或許也說明了，社會上有多少人總是把自己的需求擺在最後順位。

那些每天為了「他人」而奔波忙碌的人們，請藉由適度「遺忘」，學習如何更加珍惜自己，覺察自己的感受。

而那些被「後悔」等負面情緒所束縛的人們，或許也可以透過「遺忘」，開啟新的人生挑戰。

我擁有7年的婦產科、30多年的精神科臨床經驗。從醫這些年來，我從患者身上學到不可勝數的體悟。而我想透過這本書傳達的是，我希望每個人都不要逃避面對真實的自我，請學會向內探尋自己的聲音，而非往外尋找人生的意義。

請優先照顧好自己，聆聽內在真實的聲音，善待自己。我在書中提出兩種善待自己的練習題，一種是應該「適度遺忘」的事；另一種則是恰好相反，也就是「別忘記」的事。唯有「忘記」不需要記住的事，你才能看清楚什麼是自己真正該珍惜的事物。

所以，請把他人的事暫且擱置，「好好珍惜自己」。

人類是群居動物，每個人或多或少都是邊替他人著想邊生活著。

即使必須面臨獨自生活時不會遇到的困難，我們卻依舊渴望與他人共處，無法離群索居。

正因如此，我希望大家平時就要練習把自己放在第一順位，好好珍惜自己。

不要總是把自己的需求擺到最後。

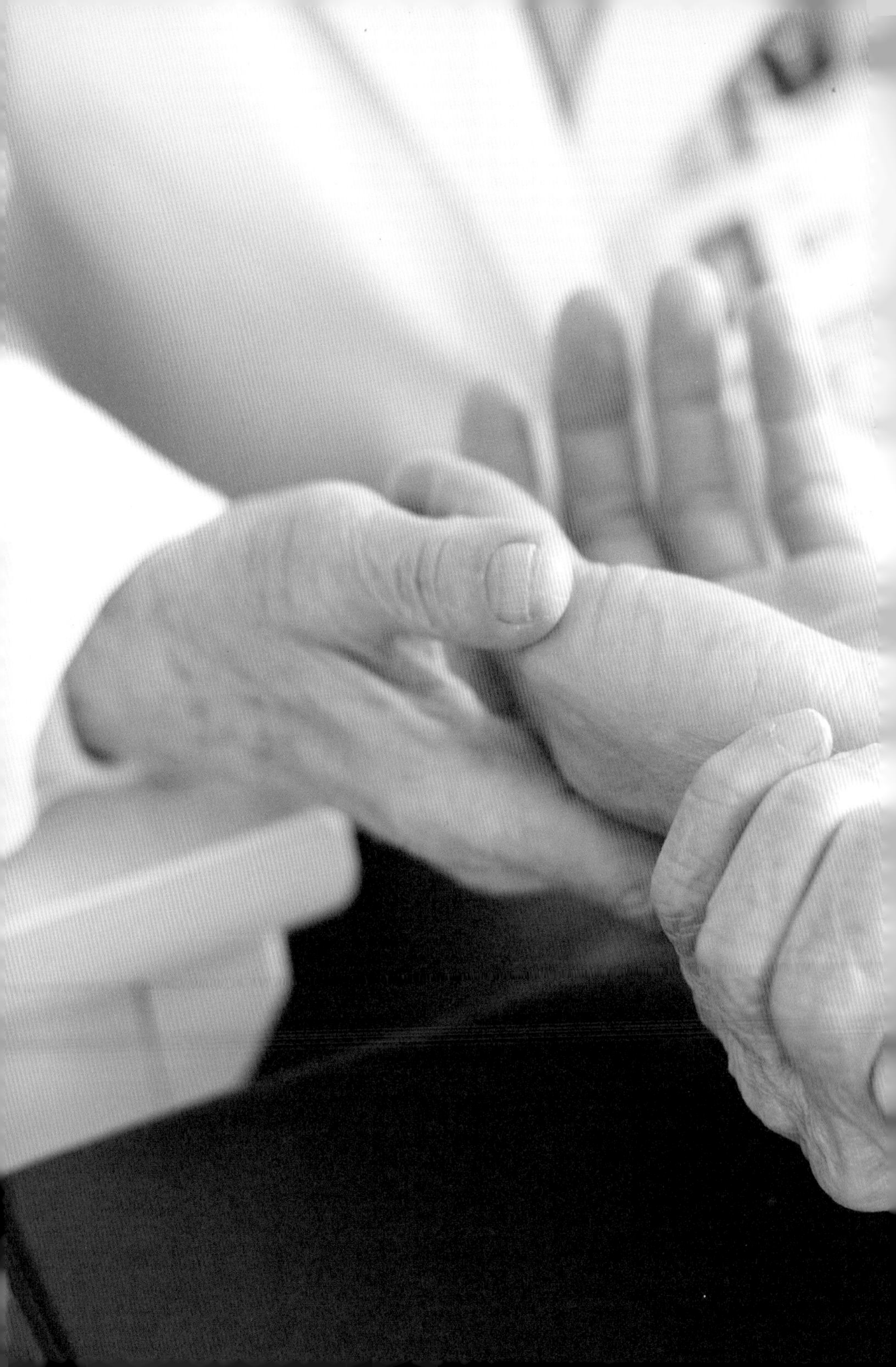

主な行先
北大路駅・大徳寺
金閣寺・四条大宮
方面
204
204
206
206
KYOTO Wi-Fi

「說的簡單，但人生中的不愉快跟遺憾，哪是想忘就忘得掉的啊？」

應該很多人會這麼想。確實也有患者這麼說。他們不只把情緒延續到隔天，即使事情都過去好幾年，這些不愉快還是像那根卡在喉嚨裡的魚刺般，令人難以釋懷。

我自己是幾乎不會把不愉快的心情，或是事情不如意時的遺憾等負面情緒留到隔天。祕訣其實很簡單。

就是下定決心「不把情緒放到過夜」。

人只要相信自己做得到，就肯定做得到。我已經養成習慣，每次發生不愉快或悲傷的事情時，都會告訴自己：「事情已經發生了，想再多也無濟於事。」。

與其把心思耗費在已經發生的事情上，我覺得趕快決定好下一步該怎麼做更為重要。「今天的負面情緒就到今天結束」、「別再抱怨已經發生的事情，改去思考下一步該怎麼做」。剛開始確實不容易實踐，但隨著年紀增長，我已經在不知不覺中，學會如何快速整理好自己的情緒。

過去總是「在不愉快的事情上鑽牛角尖」的人，只要透過每天的「練習」，必定也能養成新的好習慣。首先，就從「把掛心的事暫時擱在旁邊十分鐘」開始。

那些人生中的不愉快、執著、過度堅持、對他人的期待、悔恨、早已過去的榮耀，通通需要適度地遺忘。

另一方面，也請好好練習關注自己，保持內心餘裕；持續珍惜該珍惜的緣分，抱持著一顆感恩的心。把這些事謹記在心，時刻留意。我也仍在摸索人生的路上磕磕碰碰，試圖找出其中的平衡點。

說不定現代人都「記得太多」了。

如果我們能把內在稍微切換到「遺忘」模式，

或許就能以清新愉快的心情，開心享受每一天。

剛剛好的遺忘　目錄

第 I 章

適度遺忘「人際關係」

第2章

別忘記「好好照顧自己」

第3章

適度遺忘「過去」

第4章

別忘記「做點小挑戰」

書籍設計 萩原弦一郎（256）
攝影 秋月雅
DTP 天龍社
裝訂 MARU
責任編輯 乙部美帆
編輯 橋口英恵（Sunmark出版）

第一章

適度遺忘「人際關係」

01

忘掉「妥協」

所謂的人際關係，
別想太多反而會更順利。
在選擇「妥協」之前，
別忘了先給自己一點
「不去考慮對方」的時間。

所謂的人際關係，指的是自己和他人之間的互動往來。如果一開始就先做好「凡事不可能盡如己意」的心理準備，內心自然會比較輕鬆。

曾經有位在學校任職的教職員來向我諮商，他說自己「因為被學生嗆聲而深受打擊」，心情非常低落。我告訴他：「我能理解你的感受，但請你試著不要太在意這件事。」，畢竟若是正面迎接來自「暴躁易怒者」的強烈情緒，自己很有可能也曾被淹沒。

由於這位患者並不考慮辭職，因此我建議他練習「和對方保持心理上的距離」，並且開立具有緩解焦慮效果的半夏厚朴湯、當歸芍藥散，以及能補充元氣的補中益氣湯等中藥處方。

我所謂的「心理上的距離」，是指保有一段不去考慮對方的時間。簡單來說，就是不要讓對方佔據你的腦袋和時間。舉例來說，就像是「下班後就不再想工作的事」、「萬一不小心想起來，就做點別的事轉移注意力」等等，為自己設定好心理上的界線。爾後，這位患者回診時，臉上的表情明顯比上次開朗許多。他說自己已經在內心與自己和解，讓這件事情順利落幕。

面對人際關係的衝突時，還有另一種解方，就是放棄「為了維持和諧而選擇妥協」這件事。畢竟並不是每次都能夠順利地與他人拉開距離、冷靜思考問題。遇到這種情況時，不妨為自己創造一段「暫時忘記對方存在」的時間。當你能將對方「擺回」他原本應該存在的地位時，內在的和解才可能真正成立。

02

忘掉「大家都是朋友」

要讓所有人都喜歡自己是不可能的事。要是被任何人討厭的話，輕巧地轉身離開就好。

要讓全世界的人都喜歡你是不可能的事。無論你做人有多好，為了討人喜歡有多麼地小心翼翼，有時難免還是會誤觸到對方心底的傷痛，或是在無意間做出讓對方討厭的事而被疏遠。

但有的時候，也可能只是因為對方剛好心情不好，或正好碰到一些困難，所以當下沒辦法好好與其他人溝通。

這種狀況就像是送魚給不愛吃魚的人一樣，無論這是一條多麼高級的鯛魚，討厭吃魚的人還是會拒吃。同理，如果對方討厭你，那麼你不管做什麼都是錯的，所以不需要太過自責。

我也不是總是受人喜愛。儘管長年擔任身心診所院長，我在人際關係方面也曾碰過各式各樣的困境。

當我感覺到「啊！這個人對我的評價應該不會太好」的時候，我會告訴自己：「好吧！那就算了。」，然後迅速走開，選擇跟相處不來的人保持距離。活到這把年紀，面對這種事情已經老神在在。

此外，我也會有意識地告訴自己，不必把這種不愉快的事記在心裡。只在有人提起時才想起來，這樣對彼此都好過。

沒必要把精神花在討厭自己的人身上。好好想想該如何與喜歡自己的人過日子，這樣的人生更加美好。

03

忘掉「別人的意見」

聽取他人意見固然重要。但更重要的是，不要太在意別人的意見。意見這種東西，很多時候只是隨口說說，連本人都記不得。

每個人都會在意別人的看法。

有的時候，我們的確可以從他人提供的意見，找到突破困境的關鍵。誠懇傾聽他人的意見固然重要，但也要小心別被那些「只想發表自己高見的人」隨口說出的不負責任言論牽著鼻子走。

無論關係再怎麼親密，人與人之間最好還是隨時保持「一個拳頭大」的距離。清楚意識到「自己是自己，別人是別人」，在觀察自己內在真實感受的同時，也稍微傾聽外在的意見，這才是剛剛好的距離感。

「原來這個人是這麼想的呀？」、「居然還有這種想法！那我自己又是怎麼想的呢？」，如果能夠與他人設定明確的心理界線，就不會因為把別人不經意的一句話放在心上而飽受折磨。

曾經有位患者因為擔心有人在公司說自己的壞話而焦慮到失眠。我聽著聽著，不禁猜想他的公司裡應該是有個喜歡興風作浪、講人閒話的職場老屁股存在。我除了建議他「坦然面對」之外，也幫他開立漢方藥處方，舒緩過於敏感的心思帶來的焦慮。

真要說起來，比起那些流言攻擊的對象，我認為散佈不實消息、詆毀他人的人，人品才有問題。實在沒必要將自己寶貴的時間浪費在討好這種人身上。站在守護自己心理健康的角度，建議大家趕快跟這種人保持距離，儘可能忘記他們的存在。

04

忘掉「比較」

不需要拿自己跟別人比較。請優先思考：「該怎麼做，才能讓自己感到舒服和安心？」

記得很久以前，有個結婚生子後陷入憂鬱的患者到診所來求助。她告訴我，每次她帶孩子回婆家時，婆婆老愛說些令人不愉快的話，導致她每次見到婆婆時，都覺得壓力很大。她好羨慕別人能跟婆婆感情融洽，很苦惱自己為什麼就是沒辦法跟婆婆好好相處。

我告訴她：「不需要拿自己跟別人比較，也沒必要在意這些事。或許可以暫時先把帶孩子去給婆婆看的任務交給先生，不用勉強自己前往拜訪。就算不努力改善婆媳問題也沒關係，先讓自己心裡好過一點比較重要。」，她返家後隨即採納了我的建議，請先生自己帶孩子回去。

據說婆婆似乎因為能看到自己的兒子而很開心，可能她本來就也想跟兒子好好聊聊吧。後來，婆婆跟孫子的感情也越來越親密，甚至主動開口邀請我的這位患者一起回去。不僅如此，婆婆對媳婦的態度也跟以前有所不同，變得友善許多。

與其和他人比較，或懷抱遙不可及的夢想，倒不如優先思考「該怎麼做，才能讓自己感到舒服和安心？」。各位不妨重新審視自己的生活，從中找到想要成為的那個自己。

05

忘掉「讓我來」

你無法代替他人解決對方應該面對的問題。別再假裝好人，擅自干涉別人的人生。

曾經有人問我：「妳每天都在傾聽人們訴說自己的煩惱，心情難道不會受到影響嗎？」。身為一名精神科醫師，在面對人們身體上的病痛及心理上的憂愁時，我所感受到的是，每個煩惱的背後其實都蘊含著患者不放棄人生的堅持。

帶著對這份堅持及對生命的敬意，我每天都會盡我所能，為眼前的患者提供診療。

每個人都有自己的人生。你只能過你自己的，無法代替他人過活。這個道理，正是患者們教會我的。

即使聽到患者令人痛徹心扉的故事，我也不能自以為能夠體會患者的感受，或覺得自己能幫對方解決困難。這種想法太狂妄了。身為醫師唯一能做的，只有用漢方幫助患者，讓他們的身心調養至能自己面對問題的狀態。

這個原則並不侷限於醫病關係。每個人都不該擅自插手他人的人生課題，我們必須相信對方有解決問題的能力，也必須尊重他們勇敢面對問題的態度。

無論面對的是任何關係，我認為在人與人之間明確設定界線，尊重每個人的人生選擇非常重要。

06

忘掉「合不來的人」

打從一開始就不該有「要跟合不來的人好好相處」這種想法。如果不得不和對方打交道，別忘了保有不必顧慮對方的時刻。

無論是在職場、親戚或鄰里等形形色色的關係上，有時難免得和磁場不合的人打交道。如果能與這些人儘量保持距離當然最為理想，但有時會因為工作或各種其他原因而必須和對方保持互動，沒辦法拉開彼此之間的距離。

如果只把注意力放在對方的缺點或是惹你厭惡的地方，很容易就會想做點什麼，看看能不能改善這個問題。然而，試圖改變對方也只會讓關係越來越糟。

不僅如此，還會因為覺得「對方為什麼遲遲沒有改進？」，對他的一舉一動更加關注，導致備感壓力。

這種明明磁場不合卻無法抽離的狀況，無論對哪一方來說都是不開心的。此時，明確地與對方劃清「心理上的界線」就顯得格外重要。

下定決心「不被對方所說的話影響」，也「不要對他的話言聽計從」。這同時也代表你「不會試圖去改變對方」。

畢竟無論你下再多功夫，都無法改變別人。與其將心思花在改變對方身上，不如自己努力練習「有意識地遺忘」，忘掉對方的存在以及他們所說過的話。

或許可以去運動，活動一下身體；或者沉浸在書香當中，鑽進閱讀的世界；去看場電影，轉移注意力也是個不錯的選擇。剛開始也許無法持續很長一段時間，但這已經足以幫助自己抽離當下的負面情緒，讓自己學會稍微遺忘。

嘗試反覆進行這種「遺忘的練習」，透過刻意練習，或許就會發現其他有趣的事物，遇見自己想要好好相處的對象。

07

忘掉「身為父母」

別總是指指點點，想著「我必須告訴他」，對孩子下指導棋。在說出「你應該這麼做」之前，請先回頭好好檢視自己。

我生養了七個孩子，但我從來不曾對孩子說過「你要給我好好唸書」，或是「你們應該繼承家業」這種話。

我沒有這麼做，並不是因為我的孩子們優秀到不需要我叮嚀，而是我跟我先生對教育的觀念一致。每次我們因為孩子犯錯而被老師請去學校時，先生總是認為「這都是自己教養的結果」，所以從來不會過度責罵孩子。除非是危及性命或觸法等嚴重情況，否則即使是自己的孩子，人生也是屬於他們自己的。我們做父母的，只要在一旁溫暖守護就已足矣。

這種做法究竟是好或壞，我也無法確定。但我認為，即使是關係親密的家人或者朋友，也沒有任何人有權利代替當事人做決定。

清楚地用言語表達的方式，將自己的期望傳達給對方固然重要，但接下來，決定權就掌握在對方手上。對方可能會按照你所說的去做，但也有可能不會。就算你大發雷霆、責備對方，甚至試圖掌控對方，也只會打壞彼此的關係，到頭來終究是徒勞無功。

而所謂的「建議」，也不該是將自己的期望強加在對方身上，要求對方幫自己實現。

我認為，做父母的應該尊重孩子有自己的想法和做事方式，當孩子真的有需要時，再出手幫一點忙。無論父母或是孩子，都應該是能夠站在同個高度上，對等溝通的關係才對。

08

忘掉「因為是一家人」

最親密的人，
更應該「偶爾認眞對待」。
隨時提醒自己
「再親密也要保持禮貌」，
心情會更輕鬆愉快。

在診所看診時，經常聽到患者談及關於家人關係的煩惱。有些是與姑嫂同住遇到的問題，也有些是婆婆對媳婦感到不滿。深陷「8050問題*」的80多歲父母擔憂子女的未來；也有人與我討論如何照顧失智症的父母等等。

家家有本難念的經，每個家庭都有自己的課題。儘管每個煩惱都值得認真看待，但也因為是一家人，有時更難拿捏分寸。要保持心理上剛剛好的距離，並不是件簡單的事。

然而，也正是因為是一家人，更能透過「再親密也要保持禮貌」的練習，來改善雙方之間的關係。這並不是要你把家人當作外人般，時時刻刻行禮如儀；只是偶爾也必須「好好地」、「認真地」對待我們的家人。

例如誠摯地邀請對方，「花點時間」將自己的想法好好地表達出來。受到家人幫助時認真道謝；認為自己做錯時，也請務必真誠地道歉。

我跟二女兒同住，她每天都會幫我準備早餐跟中午的便當。我從診所下班回到家後，第一句話就是告訴她：「今天又讓妳從一大早就開始忙東忙西，便當很好吃，真的很謝謝妳。」，我絕對不會忘記表達對女兒的感謝。

面對最親近的人，偶爾更要「認真對待」。好好珍惜每一句發自內心的「感謝」和「抱歉」。

＊**註**　近年日本所出現的社會問題。指50歲左右的家裡蹲子女，仍靠80歲左右的雙親贍養。

09

忘掉「流於形式的問候」

人與人之間的關係，是由言語交織而成。僅僅多句關心，就能讓平凡的互動更有溫度。

在本書的開頭，我曾提及每次送患者離開診所時，我不是說「請多保重」，而是「請好好珍惜自己」。

日常生活中的「問候語」，往往難以傳達真正的心意。例如「早安」、「晚安」、「午安」，甚至是「謝謝」、「我開動了」、「多謝款待」等等，其實也都被歸類成流於形式的問候。

日文裡的「早安（おはよう）」，原本是歌舞伎業界的用語，意指「您來得真早（お早いお着きですね）」。時至今日，日本的演藝界裡，即使是晚上也還是會互道「早安」。這不僅是一句問候，更是表達向對方慰問的心意。

「晚安」（こんばんは；今晚は）跟「午安」（こんにちは；今日は）的後面，原本還接著「今晚的月色真美」，或是「今天天氣真冷」等能與對方產生共鳴或是互相關懷的語句。

同樣地，如果能在「謝謝」後面加上「你幫我搬東西」，就能把單純的問候，轉化為向對方傳達心意的話語。具體說明感謝的內容，更能讓對方感受到你的真誠和關懷的心意。

花點心思，讓家人、朋友及鄰里關係的互動更有溫度。

此外，將單純的「謝謝」改成「謝謝你幫我……」；「多謝款待」改成「謝謝你花時間為我準備美味的飯菜」，更能讓對方感受到自己的付出被人好好珍惜。

10

忘掉「沒人能夠理解」

當你能用言語明確地表達出真正的需求時，你的人生自然也會變得輕鬆許多。

不對自己的內心說謊，坦誠地向對方表達自己的想法，可以說是保持心靈健康不可或缺的良藥。

人生很長，每個人心裡都有那麼一兩個秘密。但人活著如果總是有所顧忌，討厭的事不明說，想說的話也說不出口，百般壓抑的情緒累積到最後會很傷身。所以，還是要主動把感受說出來比較好。

京都有著不說真心話的傳統。然而，這是僅限於京都人彼此相互理解的文化默契，要期待所有人都能察覺你的弦外之音，肯定是不可能的任務。如果不願意把自己真正的想法講清楚，別人是不會懂的。關係再怎麼親密，也不代表他們會讀心術，能按照你的期望行動。

如果自己不主動把想法講清楚，卻責怪他人「為什麼不能理解我？」，這豈不是在浪費寶貴的生命嗎？

與其埋怨別人「不理解自己」，不如努力練習把自己的想法講清楚、說明白。試著用「我希望你可以這麼做」來取代指責。

至於對方能否接受，是否願意回應你的期望，則取決於對方。不過，光是能將自己的感受好好說出口，就已經是你為自己的心理健康所做的最佳保養。

II

忘掉「不想麻煩別人」

人際關係中的「忍耐」，並不會給你帶來任何好處。請將正面的忍耐用在「必要時刻」，學習分辨沒有必要的忍耐。

有些女性患者才剛踏進診間，累積已久的痛苦情緒就像洪水潰堤般傾瀉而出。她們的煩惱多半來自人際關係，例如職場同事的相處、來自主管的職場霸凌、與丈夫感情不睦，以及和孩子的溝通問題等等，煩惱可說是五花八門。心理學家阿爾弗雷德·阿德勒（Alfred Adler）曾說：「所有煩惱，都是人際關係的煩惱。」，可見從古至今，人與人之間的各種糾紛都令人心力交瘁。

尤其是為了維繫關係和諧時的忍耐，很容易對身心造成不良影響。根據日本知名漢方製藥企業「津村」所做的一項調查顯示，20到50歲的女性中，有高達八成儘管已經感覺到身心不適，卻仍選擇繼續隱忍著過日子。

忍耐的種種原因當中，最令人擔憂的是「覺得自己可以忍住」、「不想讓其他人擔心」、「認為即使找人商量也得不到理解」，以及「在意他人眼光」等等，這些原因導致她們陷入忍耐的無限迴圈之中。

我常在診間問患者一個問題：「這種忍耐，真的有必要嗎？」。

當然，人生確實有些時刻，即使再痛苦、再困難都必須咬牙撐過去。但這種不叫做忍耐，這是因為「必要時刻來臨」，使我們自然湧現出不可思議的力量。除此之外，絕大多數的忍耐都只是自我折磨罷了。

各位不妨停下來好好思考，自己是否正在承受沒有必要的忍耐呢？

12

忘掉「只要我稍微忍耐」

「只要我稍微忍耐」這種想法，
不過就是自以為是悲劇女主角。
停止單方面的忍耐，
不僅是為了自己，
也是為身邊的人好。

如果你目前身處的環境，讓你有「只要我稍微忍耐，一切就會變好」的想法，請先問問自己：

「我的忍耐，真的會讓一切變好嗎？」

「如果我不再忍耐，會有人因此感到困擾嗎？」

事實上，這種單方面的忍耐，往往是自己逼自己（自以為需要），但其實對方根本一點也感受不到。

曾有一位罹患經前不悅症（ＰＭＤＤ）的患者告訴我：「我真的好痛苦。但我的先生、孩子跟周遭的人，沒有人能理解這種痛楚，我只能自己咬牙撐下去。」於是我建議她邀請另一半陪同就診，並從醫師的角度向她的丈夫解釋，她的狀況並非單純的情緒波動，而是生病導致無法控制情緒，且這種疾病需要家人的支持與陪伴。

聽完我的說明後，患者的丈夫彷彿鬆了一口氣，並且說道：「原來是這樣啊！」她的丈夫說穿了，覺得「只能自己忍耐」、「總會有辦法的」，其實只有患者自己。她的丈夫因為不知道妻子的情緒起伏跟心情低落從何而來，所以一直擔心得不得了。在透過醫學解釋得知妻子的病情後，他終於明白應該如何支持患者度過療程，態度非常積極。

停止不必要的忍耐吧！勇敢向周遭求助，不僅能拯救自己，也能幫助身邊的人。

I 3

忘掉「工作」

「不必思考工作的時間」是每個人不可或缺的必需品。至少別把工作帶到應該好好休息入睡的時候。

大部分因工作過勞導致身心崩潰的人，在醒著的時候，幾乎滿腦子都在想工作的事，就連吃飯、洗澡時也不例外。然而，這會對身體造成極大的壓力，雖然是老生常談，但我還是想大聲呼籲：「除了工作時間之外，都不要去想工作的事」。

有些人這麼做並非出於自願，而是因為他們的工作量太大，不得不加班至深夜。他們會說：「工作這麼多，怎麼可能不想？」」。然而，必須小心的是，這已經逼近工作狂的邊緣，是工作成癮的前兆。

當然，你也可能是因為覺得工作十分有趣，所以才會讓大腦持續轉個不停。但即便如此，你也該為自己創造一段不必思考工作的「關機時間」，養成切換到「放空模式」的習慣。

我只要工作一結束，就會立刻脫下白袍掛起來。這是屬於我個人的「關機」儀式，提醒自己儘速離開工作場所。除此之外，我會利用看診的空檔，集中精神處理患者的病例，目的也是為了讓自己能夠早點下班。

如果直到上床睡覺前都還在想工作的事，會使交感神經持續處於優勢，身心皆為緊繃狀態，就連在夢裡都可能會被工作追趕，睡再久也無法消除疲勞。建議各位睡前聽點有助於放鬆心情的音樂，或是伴隨令人愉悅的香氛入眠，為自己創造一段忘記工作的療癒時間。

14

忘掉「已經習慣的做法」

如果現實不如預期，肯定是哪裡出了問題。試試看別的方法吧！

如果現在的你感到人生不如預期，那麼這或許是個實驗結果，告訴你「這個方法行不通」。

當人際關係或工作陷入僵局時，或許也是嘗試新方法的好時機。別總是仰賴自己過去的經驗，有時候聽聽專家的意見，也許會為你開闢一條新的道路。

前陣子有位男士來到診所，他認為自己的症狀正是出於男性更年期，但在我實際診斷後，確診為焦慮症。我建議他服用漢方藥緩解症狀，但他對於我沒有幫他診斷為更年期障礙似乎有些不滿，拿了處方箋後，沒有預約回診時間就回家了。

當我還在想這名患者不知是否有按時服藥時，幾週後就接到他約診的電話，表示先前的藥已經吃完，希望能再回診領取。

更令我訝異的是，患者像是變了個人似的，十分認真聽取我的建議。後來我為他加開降血壓藥，症狀更有顯著的改善，他整個人跟初診時判若兩人，變得溫和許多。

即使半信半疑，但嘗試有別於自己以往的方法，有時也會帶來出乎意料的收穫。如果這個方式行不通，轉個彎或許就會成功。人生有時候就是這麼奇妙。

15

忘掉「完美」

不必追求完美。學會借助他人的力量，讓自己保有時間和內在的餘裕，才是最應該做的事。

我認為一個人如果在人際關係、日常生活上事事追求「完美」，幸福就不會來敲門。可以跟所有人都和睦相處、保持良好的人際關係，生活大小事都打點得井然有序，工作及私生活也無懈可擊，這種人基本上不存在。

來到我的診所的患者當中，有不少人都有「所有事都要自己一手包辦」的想法。例如有些人，明明已經上了一整天的班，還是堅持每天親手做三餐和便當；或是一邊工作，一邊獨自照護父母等等。面對這類「堅持要自己來」或「凡事都必須做到一百分」的患者，我通常會提醒他們適時稍微讓自己放鬆一下。

給自己壓力、逼自己進步不一定是件好事。有些人會這麼做是出於一種「不想讓別人覺得我在偷懶」的心態，但我認為，不過度逼迫自己並不代表就是偷懶。

我在養育七個孩子的過程中，一直都很仰賴娘家媽媽的幫忙。我距離完美媽媽的境界還差了十萬八千里，有次甚至還把兩兄弟的便當搞錯，不小心讓其中一個孩子白飯配白飯。雖然如今回頭看會覺得好笑，但事實上，身為一個母親，我的確有很多地方做得不夠好，也常覺得當時要是能再多用點心就好了。儘管如此，我的孩子們也都健健康康地長大了。

無論照顧孩子或父母，即使盡心盡力做好做滿，也不見得就能得到完美的結果。所以，每天都很認真努力的你，請稍微放鬆一下，偶爾放自己一馬吧！

第二章

別忘記「好好照顧自己」

16

適度「遺忘」

與老化和平相處，不必過度害怕。對失智症的擔憂，也要適可而止。

隨著年紀的增長，許多人會開始擔心自己會不會得到失智症。如果有這種擔憂，最好的辦法就是先去看專科醫師。我聽過不少在卸下照護父母的照顧者角色，或者自己的階段性任務告一段落之後，認知功能急速下降的例子。

我的診所也提供傾聽家屬內心矛盾不安的服務，同時也會給予建議，協助緩解他們的焦慮。只要家屬能夠配合，大多數症狀都會有所改善。

即使沒有罹患失智症，大腦也會隨著老化的過程自然萎縮，認知功能逐漸衰退。「遺忘」是很自然的現象，不需要過度擔心。這是每個人的人生中必經的過程，我自己也還在學習如何與老化和平相處。

不過，無論年齡，每個人平常就應該做好抗衰老的保養。

腦力訓練固然重要，但最重要的仍然必須從飲食著手。舉例來說，研究顯示黃豆製品有助降低膽固醇、改善高血脂症；納豆激酶則有助於預防血栓形成。我也建議大家積極攝取黃綠色蔬菜、橄欖油、青背魚（鯖魚、沙丁魚、竹莢魚等）。此外，還要記得細嚼慢嚥，多動動手指並搭配適當的運動。我常對患者倡導這些養生之道。

還有，千萬記得不要孤立自己，保持與社會的連結；適度忘掉那些往事跟擔憂，多嘗試新事物跟找到生活中的樂趣。如果有朋友可以跟你一起挑戰，那效果肯定更好。就讓我們從做得到的小事開始一步一步嘗試吧！

17

找出「眞正的原因」

身體與心靈是相互連結的。有時身體問題的根源，可能來自心理因素。

東洋醫學經常被比喻為「見林不見樹的醫學」。意指不是看到樹葉枯黃，就光治療樹葉本身；還必須綜觀樹木生長的環境跟狀況，找出樹葉枯黃的根本原因後，再進行醫治。是以治本為最終目的的醫學方式。

日本傳統的漢方醫學思維是「身心一如」，意指身體跟心理之間緊密連結。因此很多時候，單看身體的症狀並無法解決藏在根本的問題。

顯現在身體的症狀，原因可能來自於心理。同理可證，如果心理出現狀況，問題也可能歸咎於營養不良或身體機能失調。因此，找出根本原因，取得身心之間的平衡，才是恢復健康的關鍵。

此外，應該有不少讀者聽過東洋醫學裡「五臟」的概念。肝、心、脾、肺、腎，通稱五臟，除了是西醫觀點所指的臟器之外，也是東洋醫學裡掌握人體循環系統運作功能的器官。五臟各自平衡運作，方可維繫身體跟心理的健康。

人體的每個臟器都與對應的情緒息息相關。例如肝功能疲弱時，很容易感到煩躁且易怒；脾虛時則多愁善慮。五臟的生理功能若能相互協調平衡，身體循環也會更加順暢。循環好，心神自然安定，身體狀況也會隨之改善。

面對患者，我除了觀察他們的身體症狀之外，同時也會詢問他們的生活環境和心理狀態，藉此調理患者體內氣、血、水的循環。

18

永遠「對自己保持敏銳的觀察力」

昨天的你跟今天的你，有哪裡變得不一樣嗎？身體的狀況如何呢？皮膚是否吹彈可破？每天都要好好觀察自己。

當患者進到診間時，我通常都會從「觀察」患者開始。

漢方身心內科診間裡所做的檢查，不是X光或抽血等等，而是藉由觸摸或觀察等運用五感的「四診」進行疾病的診察。四診分別是「望診」、「聞診」、「問診」和「切診」，也可以說是一種運用五感，結合技術、知識與臨床經驗的全方位診察方式。

首先是「望診」，用眼睛觀察患者的狀態，尤其必須仔細觀察患者的舌頭。舌頭反映內臟的狀態，能夠藉此判斷疾病及症狀的原因。再來還必須觀察患者的臉色、表情是否有神，膚況是明亮或者粗糙。除此之外，也必須觀察患者的體型及檢測各種動作。

接下來進行「聞診」。聞診是聽「聲」診斷，包括辨識患者聲音高低強弱的變化、呼吸氣息的深淺，並檢查是否有咳嗽或口臭等病徵。

再來是「問診」。此與西醫概念相似，詢問患者的生活習慣、睡眠狀況，以及除了目前病情之外，近一步確認患者的既往病史及體質。

最後則是「切診」。「切」在中文有「接觸」的意思，透過觸摸患者特定身體部位了解患者的身體狀況。例如把脈觀察脈相（脈診）、按壓腹部（腹診）等等。

雖然各位沒辦法像醫師看診般仔細，但其實有很多事情自己在家就做得到。平常可以多觸摸自己的身體、多照鏡子，檢查舌頭等身體各個部位，對身體的變化保持敏銳。無論是身體不適或心中的小小陰霾，都應該趁問題變得更嚴重前，及早為自己採取行動。

19

啟動「自我療癒力」

「自我療癒力」
是每個人與生俱來的天賦。
「沒問題，一定會好起來！」
透過對自己喊話的方式，
啟動自我療癒力。

漢方當中也有恢復自我療癒力的處方。雖然依據每個人的體質及身體狀況，會開立不同的處方，但只要對症下藥，通常經過一段時間，等待藥效發揮之後，病情就會有所起色。

所以我總是鼓勵患者：「沒問題，你一定會好起來的。」。雖然有些患者會氣憤地回道：「你少來了！」，但我還是會保持耐心，以堅定的口吻告訴患者：「沒問題！你一定會好起來。」。

這句話，可不只是安慰而已。

每個人都擁有與生俱來的「自癒力」，而漢方藥可以幫助我們啟動體內這份療癒的力量。人人都有「自癒力」，只要內心深信自己擁有這份力量，身體必定會對此信念給予正面回應。

曾經有位罹患纖維肌痛症，全身都痛苦不堪的10多歲患者，經歷了各式各樣的治療都不見好轉，最後決定放手一搏，嘗試看看漢方藥。

我為患者開立當歸四逆加吳茱萸生薑湯和半夏厚朴湯，過去因為疼痛而總是輾轉難眠的患者，在服藥後終於能夠入睡，臉上也露出久違的笑容。

漢方藥是一種能夠喚醒人們體內「自癒力」的藥物。但也可能是患者先前服用的治療藥物終於開始發揮作用，畢竟這種事我也說不定。

請你相信自己擁有改變未來的力量，時時告訴自己「沒問題，一定會好起來！」。身體必定會回應這份信念，展現強大的生命力。

20

透過「活動筋骨」提起幹勁

當你覺得懶洋洋時，不妨先從小事做起。身體動起來，精神也會變好。

有些患者會向我傾訴，說自己無論做什麼都提不起勁。

想找回生活的動力，比起做不到時的自我苛責，我認為從改善日常生活方式著手更有效率。

換句話說，與其調整心態，不如從調整身體開始。

在飲食方面，建議多攝取有助於神經傳導物質多巴胺生成的氨基酸，以及能恢復大腦疲勞的維生素B群。此外，多曬太陽可以提升睡眠品質，還能增進有益於穩定及活化大腦的神經傳導物質血清素的分泌。

運動也能增加腦部的血流量。如果平時很忙，實在抽不出空檔好好運動，簡單做些暖身運動也不錯。

我曾建議一位70多歲的患者每天做一次NHK廣播體操。即使時間不長（六分半鐘），也對活化大腦有很好的效果。後來患者回診時表示，開始做體操後，很快就發現自己早上不再懶洋洋的，不但變得很有活力，整個人也開朗許多。他的轉變讓我留下深刻的印象。

再者，腦科學研究也顯示，人類並不是因為有動力才會行動，而是先行動才會開始產生動力。

所以不需要等到有大的目標才起身行動，而是應該先從做些小事開始。在腦袋還來不及東想西想之前就先行動，也是非常有效的好方法。

別想太多，只要身體動起來，幹勁馬上就來了。

21

建立「生活節奏」

以固定的「生活習慣」，
開啟和結束每一天。
透過生活中的「規律」，
覺察自己每天的細微變化。

每天的早晨跟夜晚，我都會刻意維持「同樣的節奏」。藉由「由此開始，由此結束」的例行習慣，找到生活的節奏。

我的早晨從早上六點起床，拉開窗簾、好好曬曬太陽開始。接著洗臉、刷牙，更衣後至佛前課誦《般若波羅蜜多心經》。

這是以前母親還在身邊時，常聽她誦經而養成的習慣。一次只需要五分鐘，而這一連串的步驟正是我每天的早晨日常。我可以從自己誦經的聲音，感受當天的狀態。

接下來，我會享用二女兒為我準備的早餐。先喝一杯百分之百純蔬果汁，接著吃優格，然後喝牛奶、吃吐司，水果則放到最後。每天的水果都不一樣，有蘋果、奇異果和香蕉等相互輪替。通常按照這個順序吃下來後，我就能感受到身體的機能正一點一滴地被喚醒。

中午吃完便當後，我會趁下午門診的空檔，在「御三時」補充糖分。三點鐘的點心時間在日文裡稱為「御三時」，這個時刻很適合用來為疲勞的大腦補充糖分。我平常就會儲備一些甜點，跟負責診所櫃台職務的二兒子一起享受開心的午茶時光。

晚上結束看診回到家後，我會在大約晚上八點時吃晚餐。魚肉等蛋白質絕對不可少，蕗蕎和納豆也是餐桌上必備的食材。

或許各位會覺得這樣的日常沒什麼變化，但生活的規律就是從這些「例行習慣」建立起來的。正是這些值得感謝的例行習慣，讓我活到這把年紀還能健健康康的。

22

無論如何「走就對了」

選擇搭公車或走路的方式通勤。按照自己的速度快走，也是一種很好的運動。儘可能保持活動身體的好習慣。

我很幸運，這把年紀還可以每週工作六天。其中兩天是在京都府的醫療機構擔任兼職醫師，剩下四天則在自己的診所看診。

我沒有特別做什麼運動維持健康和體力，而是利用日常生活中的各項活動來進行肌力訓練，這是我長年保持健康的秘訣。

每天我都一個人拎著公事包，帶著與我同住的二女兒幫我做的便當出門，步行約三百公尺左右到達距離我家最近的公車站牌等待公車。在診所附近的車站下車後，再步行至診所所在的辦公大樓。

我從來不搭計程車，也不需要別人接送。因為我認為，享受方便的代價就是流失體力，所以我很堅持每天一定要走路。

隨著年紀增長，很多人會覺得自己的體力越來越差。實際上，人類的肌肉量在20多歲時達到巔峰，過了30歲後便開始走下坡，肌力每十年會下降百分之五到百分之十。即使正常過日子，肌肉也很容易流失。所以平常就要很小心，如果發現自己經常跌倒、站立有困難，很容易累或只有駝背時才覺得舒服，那麼請試試看每天至少走一點路。

另外，有一種能讓人回春的走路方式，就是重複「快走三分鐘、慢走三分鐘」，每天持續三十分鐘的間歇性健走。請在自己能力所及的範圍保持走路的習慣，讓走路成為你的日常，為自己建立生活的節奏。

23

選雙「好鞋」

你能夠馬上想起自己平常穿什麼鞋嗎？一雙合腳的好鞋，能讓人更有活力。

一雙好鞋就像有魔法似的，能讓穿的人變得既開朗又有活力。雖然商業界人士之間有著「鞋子透露出穿者的人格特質」的說法，但隨著年歲增長，挑一雙合腳的好鞋更顯重要。穿著一雙好穿、好走的鞋，就像是隨身攜帶一個「防跌倒護身符」。

我平常穿的是德國品牌ＢＡＲ的鞋子。由於穿的非常習慣，同款式的鞋子我已經回購了很多雙。

鞋子是我們外出時的必需品，挑選一雙合腳的鞋子真的非常重要。尤其是長者，很容易因為多年來的走路方式和穿鞋習慣，導致扁平足或拇趾外翻等常見的足部變形問題。此外，對糖尿病患者來說，即使是鞋子磨腳的小傷口也難以癒合；而血液透析（洗腎）患者則往往會有容易水腫的問題，這些都會導致更多因病引起的足部問題。

如果你過去總是對鞋子不太講究，或者想要延年益壽，不妨從現在開始好好為自己挑一雙好鞋吧！務必留意，要是選擇的鞋子尺寸過大或鞋後跟太軟，都會對走路造成不良影響。

好鞋就像一條救命繩索，是我們一生健康行走的關鍵。挑選鞋子時，記得鞋後跟要夠穩定，鞋底必須有一定的硬度。鞋尖微微翹起的鞋型可預防跌倒，鞋底若是防滑材質則更加分。

24

屬於自己的「保健方法」

我每天都會按摩指頭，透過按摩微血管密集的指尖，調節自律神經，改善血液循環。

找出日常生活中適合自己的保健法並養成習慣，是件非常重要的事。

除了通勤時的快走、使用震動型肌力增強機器（垂直律動機）之外，每天我都會花點時間，查閱相關書籍或上網搜尋資料，試圖找出隨時隨地都能進行的保健法。

其中，我自己會天天做，而且可以很有自信地推薦給患者的養生方法就是「指甲按摩」。我是從免疫學權威——安保徹醫師的著作中學到的。這個按摩做起來非常容易，還有調節自律神經的效果，是我每天等公車時固定會做個一兩次的保健法。

做法很簡單，只需要從左右兩側按壓手指指甲根部，按摩的力道大概控制在「有一點痛，但會覺得舒服」的程度，每根手指頭平均按壓十秒左右。

手指甲床兩側有個叫做「井穴」的穴位，在東洋醫學裡是負責調節自律神經的。按摩不同指頭會有不同的功效。

大拇指可以改善異位性皮膚炎和氣喘；食指改善胃潰瘍等消化系統疾病；中指改善耳鳴等耳部功能；按摩無名指則可刺激交感神經；按摩小拇指以緩解憂鬱和過敏症狀。另外，這個按摩也對改善健忘、失眠、高血壓、肩頸痠痛、頭痛及頻尿等症狀有效。

由於指尖遍佈微血管，按摩指甲還能促進血液循環。

這也是我自己查到，親身體驗後覺得真的有效的保健法。藉由主動查找、親身實踐後感覺到成效，會讓自己更有動力維持這個習慣，心態也會變得更正向積極。這個方式確實能夠促進氣血流通，保健效果加倍。

25

存錢不如「存肌肉」

「存錢不如存肌肉」。想要保持大腦健康，維持肌力非常重要。

人在上了年紀之後，肌肉量會自然減少，身體機能下降，醫學上稱此情況為「肌少症（Sarcopenia）」。肌力下降正是損害健康壽命的因素之一。

肌力減弱會使走路或站立等基本動作變得困難，外出變成一件苦差事。但越不出門，越會加速肌肉的流失，人只要不活動，輸往腦部的血流量就會跟著減少；且當一個人不再外出，與他人的互動往來和對話便會逐漸歸零，進而導致認知功能退化。因此，維持肌力可說是保持健康長壽的關鍵。

肌肉量減少的自覺症狀通常會在70歲以後出現，而研究結果顯示，65歲以上的長者中，約有百分之十五患有肌少症。

好消息是，無論幾歲都可以重新開始鍛鍊肌肉。

除了通勤以外，只要時間允許，我會盡量多走一些路。此外，在診所工作開始之前，我常會使用二兒子送給我的健身器材，做個十分鐘左右的震動訓練。這種現代科技設備用起來真是輕鬆又方便，非常有效率。我們應該勇於嘗試新的事物，不要還沒用就先排斥。

雖然不建議長者做激烈運動，但還是可以做一些輕度的伸展操，或坐在椅子上訓練大腿和腹肌的簡單動作。此外，在飲食方面，千萬記得攝取足夠的蛋白質。

26

好好吃「早餐」

「早餐吃了嗎？」
重視一日三餐。
尤其注意蛋白質的攝取。

每個來到我診所的患者，我問的第一個問題通常是：「早餐吃了嗎？」。接著我會詢問他們吃了什麼跟怎麼吃。根據我的臨床觀察，很多患者都沒有吃早餐的習慣。

之所以關心患者的飲食習慣，是因為精神狀態和飲食習慣有十分密切的關聯。精神不濟，往往是因為缺乏蛋白質、鐵質等營養。我曾在暫離醫師工作崗位，回歸家庭的期間，於女子營養大學函授課程進修營養學，因此我會同時站在營養學和東洋醫學的角度，提供患者營養方面的相關建議。

壓力引發的恐慌症或適應障礙等症狀，有時是因為體內營養不良或內臟疾病所致。反之，身體表徵出現的疼痛、噁心、麻痺，以及部分憂鬱症狀，則是心理的問題反映到身體之上。

日本國民普遍缺乏蛋白質，因此光是多攝取蛋白質，就能有效改善身體不明原因的不適。

另一方面，社會大眾認定對身體有益的食物，也不見得適合每一個人。以近年討論度很高的健康關鍵字「腸活」為例，調整腸道環境固然重要，但也不是每個人都會在吃了優格後變得健康。對過敏性腸道症候群（腸躁症）患者來說，攝取發酵食品反而容易使症狀變得更嚴重。因此，了解什麼樣的食物適合自己，什麼樣的食物不適合自己才是最重要的。

27

多吃「青背魚」

養成多吃青背魚的習慣。

調查發現，常吃魚的國家憂鬱症盛行率較低。

吃魚有助改善情緒障礙。

我常會建議有憂鬱症狀和容易陷入悲傷情緒中的患者，多補充青背魚中的Omega-3脂肪酸。

Omega-3脂肪酸無法由人體自行合成，是一種必須從食物中攝取的必需營養素。日本自古水產豐富，過去人們的飲食習慣中常會出現魚類，Omega-3脂肪酸攝取量足夠；

但近年來，人均魚貝消費量減少，使得國人平均Omega-3脂肪酸的攝取量有逐漸下降的趨勢。

研究顯示，Omega-3脂肪酸具有緩解焦慮的效果，尤其對罹患身體或精神疾病的人特別有效。

一位60多歲女性在得知好友的先生過世後感同身受、悲傷至極，開始擔心要是自己的丈夫過世的話，自己不知道該如何是好。

經過診斷，我發現她處於氣血不足的氣虛狀態，因此為她開立補氣的藥方。同時，我建議她多攝取Omega-3和Omega-6脂肪酸，並再回診觀察。一段時間過後，她的憂鬱症狀已有所改善，精神也比以前好多了。

Omega脂肪酸已被證實和減緩認知功能退化有正相關性，為了守護大腦和心理健康，請將魚肉納入你的健康飲食菜單當中。

28

借鏡「食療」智慧

食物也是一種「良藥」。借用日本傳統文化中「食療養生」的智慧。

東洋醫學的觀念裡，認為身心的不適是「自癒力的下降」所致。

調整自癒力的過程稱為「養生」，其中包含讓身體休息或運動的「體養生」；促進心靈放鬆、安定情緒的「心養生」，以及透過飲食，調理恢復身心機能的「食養生」。

均衡的飲食十分重要，日本自古以來便以適合日本人體質的食物進行「食養生」。

以下是以日本傳統食材第一個字的拼音來記憶的配餐口訣，「まごわやさしい（Ma—Go—Wa—Ya—Sa—Shi—I，孫子真是孝順呀）」。

「ま（Ma）」指的是豆類（まめ），尤其是異黃酮含量豐富的黃豆。

「ご（Go）」指的是芝麻（ごま），內含重要的芝麻素。

「わ（Wa）」指海帶芽（わかめ）等海藻類，含有豐富的鈣質及膳食纖維。

「や（Ya）」指的是蔬菜（やさい），尤其要注意多攝取黃綠色蔬菜。

「さ（Sa）」指的是魚類（さかな），青背魚的Omega-3脂肪酸含量尤其豐富。

「し（Shi）」則是指香菇（しいたけ）等蕈菇類，富含礦物質、維生素及膳食纖維。

「い（I）」指蕃薯、芋頭類（いも）。

即使無法每天攝取到上述全部食材，但只要把均衡飲食的概念放在心上，生活方式就會跟著改變。

我平常除了注意均衡飲食之外，每天一定會吃的食物是「蕗蕎」。蕗蕎具有恢復疲勞、促進血液循環、殺菌、降低高血壓和消水腫等多種效果，最適合每天晚餐時食用。

請試著將古人的飲食智慧融入你的日常生活飲食。

29

傾聽身體的「聲音」

當你不停想吃甜食時，
請注意是不是
日常飲食中缺乏蛋白質。
身體會告訴你
它所需要的營養素。

我不建議各位為了健康而過度限制飲食。偶爾慰勞自己，吃一點垃圾食物其實無傷大雅。我有時也會在超市零食區買些可愛的零嘴，還很愛和孫子一起共享肯德基炸雞。

然而，當你特別渴望某種特定的食物時，或許可以合理推論是因為體內的某種必需營養素「不足」。

曾經有人問我：「我突然強烈渴望甜食，是因為我的身體需要它嗎？」，實際上，當你特別想吃甜食時，往往不是缺乏「糖分」，而是因為缺乏「蛋白質」。

蛋白質是構成人體大小組織所必需的營養素。一旦缺乏蛋白質，就會導致肌肉流失、容易疲勞、免疫功能下降等問題，生病風險也會因此增加。當大腦無法正常合成神經傳導物質時，為了快速補充營養，人體會改成仰賴容易迅速轉換成能量的葡萄糖，這正是為什麼會突然特別想吃甜食的根本原因。

攝取必須營養素是一種人類的生物本能。

漢方藥雖然不是營養素，但許多本來以為漢方藥很苦的人，在服用後卻意外發現其實很好吃。這並不是因為漢方藥突然變甜了，而是因為你的身體需要。身體會告訴你它需要什麼。

30

維持「生命之門」的健康

好好咀嚼。口腔是生命之門，也是健康長壽的關鍵。

先前我已講述過飲食的重要性，然而，不僅是飲食內容，進食的方式也很重要。所謂的進食方式，是指將食物送入口中後，充分咀嚼的過程。

咀嚼可以刺激唾液分泌，透過牙齒磨碎食物的過程，使唾液中的消化酶和食物充分混合。

此外，咀嚼不但會使用到咀嚼肌，還會連帶動用到臉頰、嘴唇和舌頭等所有關聯肌肉。這些肌肉的周圍遍佈著許多神經，吞嚥的動作還會牽動舌頭與舌骨相關肌群。由於上述這一連串的動作都受到腦部的指令控制，故充分咀嚼亦可促進活化大腦功能。

隨著年齡增長，許多人不免擔憂自己是否會罹患失智症，而「充分咀嚼」等生活習慣可以活化大腦，降低失智的風險。咀嚼還能活絡主宰記憶的海馬迴，有助於鞏固短期記憶，減低失智的風險。咀嚼同時也被證實能促進幫助減輕壓力、穩定情緒的血清素分泌。總之，細嚼慢嚥可說是好處多多。咀嚼是維持大腦健康不可或缺的訓練，請大家吃飯時一定要好好咀嚼。

此外，上了年紀的人進食時如果常感到吞嚥困難或發生嗆咳，建議可多練習繞口令；另外，按摩頸部和口腔周圍肌肉或是唱歌，也能幫助恢復吞嚥功能。

31

用「自己的牙齒」進食

用自己的牙齒進食，直到老掉牙為止。每天刷牙時，仔細清潔牙齒間的縫隙和牙齦。進食正是活著的象徵。

我的先生是牙醫，但他對自己跟家人的口腔保健並不會特別嘮叨。他自己長時間使用同一把牙刷，用到刷毛都磨損了還在繼續使用；甚至會跟孩子們開玩笑說：「牙齒的排列可以看出個性。」。當然他會為孩子治療蛀牙，只是很少談論到牙齒矯正。

然而面對患者時，他總是非常認真。他經常提醒患者使用軟毛牙刷，牙齒表面不要刷太用力，務必記得確實清潔牙齒間的縫隙等等。

考慮到百歲人生時代的到來，為了維繫健康生命，30歲以後就必須注意口腔保健。1989年，當時的厚生省（相當於台灣的衛福部）和日本牙醫師學會大力推行「讓日本國民到80歲仍至少保有20顆以上自然牙」的「8020運動」。主要是因為一個人如果活到80歲，還能擁有20顆以上的自然牙，較容易維持健全的咀嚼能力。

日本牙醫師學會針對65歲以上熟齡族群進行的一項調查顯示，保有較多牙齒的人壽命較長；然而根據統計，30歲以上的日本人當中，約有三分之二罹患輕重不等的牙周病。

牙周病被證實與失智症、心臟疾病和糖尿病的發病關聯性呈現正相關，因此，毫無疑問，全面性的口腔保健對於延長健康壽命有著重大影響。

每天仔細刷牙也有助於預防傳染病。刷牙時不只要刷牙齒表面，還要仔細清潔牙齒間的縫隙。時至今日，先生當年對患者的叮嚀仍迴響在我的耳邊。

32

以「一病息災」的心態過日子

人生下半場，與其追求無病息災，不如以一病息災為目標。隨著年齡增長，比起追求圓滿，不如珍惜眼前所擁有的，心懷感恩地度過每一天。

神社的健康御守（護身符）上常寫著「無病息災」，但到這個年紀，我反而認為「一病息災」比較實際。

所謂的「一病息災」，是指「身體出現一點小病痛，反而會讓人更關心自己的身體，讓自己更長壽」。

只有當自己生病或是心力交瘁，累到爬不起床；或是上了年紀，發現自己做不到的事情越來越多時，我們才會意識到「健康有多珍貴」，以及「原來過去都太逞強了」。等到某個年紀，多少有一些慢性病，需要服用藥物時，人們才會更重視自己的健康，因而開始定期去醫院做健康檢查，及早發現問題並馬上開始治療，結果反而使人更長壽。

所以，不要強求「無病息災」，而是要學習以「一病息災」的心態過生活。預防疾病固然重要，但即使生病了也不能因此自暴自棄，放棄人生。學習如何與疾病和平共存，好好照顧自己。

我很幸運，到這個歲數都還很健康，也沒生過什麼大病。唯有年過七十以後膝蓋會痛，現在已經無法跪坐，沒辦法再參與從大學加入茶道社團開始就很熱愛的茶會。這點雖然讓我感到有些遺憾，但也確實使我比以前更加注意自己的健康。

人只要上了年紀，身體多多少少都會出點狀況。隨著歲月的增長，要學會放過自己，不必事事追求完美。

我想，人們如果能多看看自己所擁有的，而不是盡想那些自己沒有的，自然就能抱持感恩的心，也能善待自己。

33

睡不著也沒關係

睡眠固然重要，但也別讓睡不著成為另一種壓力。保有「睡不著也沒關係」的心態。

在接觸過這麼多患者後，我發現有失眠困擾的人真的很多。失眠問題無論在哪個年齡層都很普遍，但隨著年紀越來越大，人們也會變得越來越淺眠。

雖然有些人會說：「年紀大了也沒辦法。」，但若是沒辦法好好睡覺，身心狀態很容易失衡，因此還是需要好好調養才行。

1. 調節生理時鐘，遵守晝夜節律。
2. 避免睡前泡澡。
3. 三餐規律。
4. 如果聽音樂能幫助放鬆，則可播放背景音樂。
5. 若要使用藥物助眠，請選用短效型藥物。

光是做到上述幾點，就能夠改變睡眠品質。

我在診所開業初期也有一段時間連續失眠，常常覺得很焦慮。當時除了上述的舒眠法之外，我還嘗試過指甲按摩，以及用單腳幫另一隻腳進行的足底按摩，並且有意識地告訴自己，不要太在意睡不著這件事。現在我也會視情況在睡前服用「柴胡加龍骨牡蠣湯」來幫助入眠。目前我的睡眠狀況相對良好，可以一覺到天亮。

在寢具選擇上，我選用低反彈材質的床墊和枕頭。與其對「失眠」這件事抱持負面看法，我建議各位不妨換個角度，用充滿好奇的方式，積極探索最適合自己的舒眠法。

34

不去責怪自己

如果時常感到煩躁易怒，可能是以下幾個原因造成。請仔細審視自己是否有營養不良、睡眠不足，或是運動量少等等問題。

有些人會把無法控制憤怒情緒的原因歸咎於職場壓力，或是與家人之間的相處出了問題。

診所的患者來自各行各業，從教育工作者、醫療從業人員到服務於一般企業的上班族都有。每個行業都有其辛苦之處，如果你身居要職，或者你總是家中唯一必須努力跟忍耐的人，會感到心煩意亂也很正常。

有些患者一進到診間就開始訴苦：「同事都把工作推給我」、「媳婦都不讓我看孫子」等等，一股腦兒地向我傾訴。此時我會刻意平淡地問患者：「你有好好吃飯嗎？」、「你有沒有好好睡覺呢？」。

之所以會這麼問，是因為憤怒情緒的根源往往並非你所氣憤的對象，絕大多數很可能是因為營養不良、睡眠不足或缺乏運動所致。

此外，上了年紀的人有時會變得易怒，常為了一點小事就暴走、破口大罵。事實上，易怒是失智症的早期症狀之一，即使不是失智，大腦功能若是隨著年齡增長逐漸衰退，情緒控制的能力也會越來越差。

針對上述狀況，漢方藥雖然也有一定的效果，但如果要維持腦細胞的健康，保持腦血管的健康格外重要。

記得多攝取存在於魚肉油脂中的DHA（二十二碳六烯酸，Docosahexaenoic Acid）和EPA（二十碳五烯酸，Eicosapentaenoic Acid）等Omega-3脂肪酸。我自己也將每天攝取這些營養素的習慣謹記在心。

35

找出「隱性壓力」

當環境出現改變時，即使自覺狀態良好，也可能會在不知不覺中，對身心造成壓力。請對身體的變化保持敏銳。

當環境產生變化時，即使本人沒有意識到，壓力也會在不知不覺中逐漸累積。我在89歲時自立門戶，當時就連個性積極樂觀的我也備感壓力，甚至一度罹患胃潰瘍。

雖然我隨即就去醫院做了胃鏡檢查，也開始服用藥物，但還是有一段時間食慾下降，經常忍受胃痛的折磨。此外，壓力也導致我的掉髮增加，當下我才深刻體會到身體和心理之間的緊密相連。

即使並非主動尋求新的環境改變，但在這幾年新冠疫情的肆虐下，許多人都被迫面對環境的變化。

雖說是突如其來的特殊狀況，但如果只是一味地告訴自己：「大家都很辛苦，不是只有我這樣」，或是「這也無可奈何」，忽視內心的痛苦跟不安，拼命壓抑自己的話，總有一天，你的身體可能會突然變得動彈不得，甚至再也無法出門。

實際上，發生這種狀況，因而來到我的診所求助的人並不在少數。

我通常會先問患者：「今天的狀況怎麼樣？」、「今天感覺如何？」，我希望各位平常也能問問自己同樣的問題。

身心不適的狀況無論再怎麼微小，都要趁還不嚴重時，及時處理這些隱性壓力。

最重要的是，我希望你能夠比任何一個人都更關心自己。

36

不能習慣「小毛病」

人在狀態好時，會不自覺地開始逞強。請別總是勉強自己，或讓身體習慣那些小毛病。

每天都要細心呵護自己的身體跟心靈，累了就休息，哪裡不舒服就必須好好治療。

人在健康狀態良好時，往往會不自覺地開始逞強，導致很難察覺自己其實正在過度努力。等到狀態慢慢開始變差時，還可能會催眠自己「應該只是有點累吧！」，由於已經完全習慣這種疲勞的狀態，以至於忽視身體發出的警訊。

曾經有位患者在下午門診時間快結束前，拜託我當天務必要幫他看診。他說自己之前因為排斥看身心內科或精神科，一直都很努力在忍耐，但最後還是撐不住，決定前來求助。當我向他解釋漢方的概念時，他還一臉煩躁地抱怨：「妳講的這麼困難，我才聽不懂啦！」。

由於患者的血壓超過兩百，我推斷這或許是造成他煩躁的最大原因，便開立降血壓的漢方藥，建議他在家療養一個月並按時服用。這名患者當時若是再晚一點就醫，恐怕會危及性命。

東洋醫學的特色在於強調「未病先防」。「未病」意指欲病但尚未發生，而「身體似乎已經有點不對勁」的狀態。在未病階段先以漢方藥補充不足的能量，調理失衡的自律神經，便能恢復元氣，預防疾病。

希望各位都能對自己的疲勞程度和身心變化隨時保持敏銳。

37

偶爾「強迫自己」休息

千萬不要因為忙碌
而迷失了自己的心。
即使是半強迫也好，
偶爾也得逼自己停下腳步，
好好休息。

沉浸在自己喜歡的事而終日忙碌，基本上沒有什麼問題，但有些人的工作量明明已經超過負荷，卻還是沒辦法停下腳步好好休息。

明明對於忙碌的狀態感到不滿，工作變得令人痛苦不堪，卻仍然無法停下步伐，這也算是一種中毒跟成癮症狀。

這種狀況若是持續下去，會讓人變得越來越焦慮。原本已經能收尾的工作不了了之，同時新的工作又接二連三地不斷出現、永無止境，就像行走在一條永遠看不到光亮、沒有盡頭的隧道裡。

曾經有位在學校任職的老師來到診所，他因為一個月加班超過八十小時而出現憂鬱症狀，在校醫的建議下前來身心科掛號尋求協助。

我建議患者在家療養，但他表示自己不能休息，最後我只好折衷，在替他開立診斷書時，交代他至少每工作兩天就休息一天，同時練習就算擔心，也要試著放手，把工作交給別人。

爾後回診時，這位患者表示雖然還是不太放心，但他已經明白這樣累垮自己總不是辦法，乾脆死馬當活馬醫，練習把工作交辦出去。漸漸地，他也慢慢意識到有些工作的確可以交給別人處理，不必執著於把事情全都攬在自己身上。

如果你滿腦子都只想著工作，覺得「交給誰都不放心」，或「自己得負全責」，這時候請讓別人幫你的忙。你得讓自己暫時停下來，先照顧好自己。畢竟，能幫自己踩煞車的人，終究只有自己。

38

為自己「預留退路」

在身心即將抵達臨界點前，
預備一個能讓自己
輕鬆離開現場的「秘密武器」。
用正面的態度
來看待所謂的「退路」。

有時，為自己留一條「退路」是很重要的。

在日本人的美學意識中，有一種鼓勵人必須「勇於克服困難」的思維，但我認為這必須立基於一個人處於良好的環境，而且要在身心功能健全的前提下才可能實現。

「辭掉這個工作，我就無路可去了」、「公司／家裡沒有我不行」、「我不可以逃避」、

「我不能離職，因為我有責任在身」……針對在診間這麼說的患者們，我都會問道：「真的是如此嗎？」。

在自己的身心狀態崩潰之前，先把自己帶到一個能夠安心喘口氣的環境，才是人生中最正確的抉擇。

如果你對自身所處的惡劣環境和自己的痛苦視而不見，即使沒有從工作和環境中逃開，事實上，你也在逃避面對自己。

「這條路行不通也沒關係，還有別條可以嘗試」，預留退路等同擁有「人生的秘密武器」，也是讓自己輕鬆面對生活的技巧。

比起滿腦子想著「我只有眼前這條路可走」，或是「如果做不到我就完了」，我認為知道自己有路可退，能對自己說聲：「沒關係，要是有什麼萬一，我還有下一個地方可去。」，便能以更輕鬆的態度面對當前的困境。你越能沉著應對，事情越會往好的方向發展。最終你其實根本就不必逃。

所以，我認為可以用更積極、肯定的態度，來看待「人生有路可退」這件事。人生的道路，越多越好。

39

讓大腦「充分休息」

大腦需要時而切換節奏。
越是忙碌，
越要讓大腦好好休息。
休息也是很重要的工作。

有個每天忙碌，從早到晚長時間工作，身體已經出現狀況的患者來診所求助。當我問他工作是否很忙時，他說：「我每天都忙到好晚，但工作還是做不完。」。

聽到這名過勞患者的遭遇，我才發現很多人都跟他一樣，滿腦子只想著工作，即使回家也繼續加班到深夜。

在工作上有所成果確實是很棒沒錯，但如果總是抱持著「沒花上一整天，工作就做不完」的心態做事，那麼你永遠都不可能準時下班。不僅如此，你還會對這種「正在工作」的狀態上癮，只有坐在辦公桌前才能感到安心，工作的進度隨之變得緩慢。

事實上，時間限制能夠活化大腦。

讀書學習也是一樣，在有時間限制的狀況下，我們更能集中注意力。反之，如果一直保持忙碌的狀態，大腦反而會越來越怠惰，導致專注力下降。

我開立補中益氣湯給這位患者，請他在睡前服用，並要求他必須讓自己充分休息。具體來說，我請他每週必定要找一天，強迫自己抽出時間，刻意讓大腦休息。大腦會因為休息而重新恢復效能。

工作並不是人生的全部，只是生活的一部分而已。時刻保持這種意識，越是忙碌，越需要重新找回屬於自己的「生活」與「日常」。

40

把目光聚焦在「擁有的事物」

無能為力的事情，不如就忘了吧！只看「現在所擁有的」，以及「現在能做到的」。這個概念適用於人生各種層面。

近年來，或許因為各項儀器檢查的準確度提升，我們幾乎可以說是進入到一個「對所有症狀都急著診斷出『病名』」的時代。過敏等各種文明病越來越多，現在要找到一個百分之百、完全健康的人反而比較難。

原本只是老化引起的自然現象，現在卻被診斷為某種「疾病」，令人更加焦慮。而服用更多藥物也會造成身體的負擔。

在這樣的時代，我們如果成天關注自己身體哪裡不舒服，不免會變得時時刻刻焦慮不安。

我們應該把目光聚焦在自己今天做得到的事情上，感謝我們的身體今天還可以活動。至於身體有狀況的地方，只要慢慢調養就好。正因為身體有這些不舒服，更能讓我們體會到身體健康是件多麼珍貴的事。

隨著年齡增長，身心狀況也會產生變化，力所能及的範圍變得不同以往，所需要的照顧方式也有所不同。要是過度自信，以為「自己還年輕，總會有辦法的」，或是「我的身體還很好，肯定沒問題」，因而輕忽身心保養的話，等到身體生鏽、出狀況時，可是會叫苦連天的。

仔細觀察自己的狀態，養成規律運動的習慣，攝取充足的營養，好好曬曬太陽。如果這些努力你都做到了，狀況還是欠佳的話，再選擇用漢方藥調理，並視狀況搭配西醫治療，為自己延年益壽。

我自己也是用這樣的方式，好好珍惜父母賦予我的生命。

41

善用「醫師」和「藥物」

請不要忽視更年期障礙。生理轉變是必經之路，請善用醫療資源與漢方藥物，積極改善生活品質。

過去，經前症候群（ＰＭＳ）和經前不悅症（ＰＭＤＤ）都是由婦科醫師負責的項目，但最近精神科醫師也開始介入這兩種疾病的治療。

經前不悅症（ＰＭＤＤ）除了有經前症候群（ＰＭＳ）的各項症狀之外，其焦慮、易怒等情緒方面的不適程度明顯嚴重。這種加強版的經前症候群在近年才被正式命名為

「經前不悅症（ＰＭＤＤ）」。２０１３年，這種病症被歸為一種身心症。

女性的更年期一般會從40多歲持續到50多歲。這段過渡期間，不少女性在心理層面上，因為面臨家人或職場上的人際關係問題、父母照護問題、孩子升學考試等等壓力，而更加重了更年期的不適。每個人的症狀都不一樣，旁人也很難真正理解患者的痛苦。

一位每到生理期便感到強烈恐懼與憂鬱的患者到來診所求助，當我告知患者，她罹患了「經前症候群」時，她說自己從小就被母親教育「女人在生理期本來就會有各種情緒起伏，這很正常」，面對生理期引發的情緒困擾，只能咬牙撐過去而別無他法。因為從小到大都被灌輸這種觀念，所以她對「生理期的嚴重焦慮和憂鬱其實是一種疾病」感到非常訝異，也從沒想過可以用藥物治療的方式緩解症狀。其實這樣的患者不在少數，很多人在服藥後，症狀明顯改善。

此外，有些人會將無法控制的憤怒發洩在丈夫或孩子身上、莫名地情緒低落，焦慮程度嚴重到影響日常生活。甚至有的人腦子裡會出現「想從這個世界消失」的念頭，而且揮之不去。漢方藥能有效緩解上述症狀，出現症狀時務必馬上處理，不要拖延。請善用醫師和藥物，改善自己的健康。

42

汲取「歷史」智慧

久久無法根治、踏破鐵鞋都醫不好的症狀，有時憑藉漢方，竟然就能痊癒。

我是個看電影和影集時，常常很快就感到膩了、不想看了的人。但如果要我研究漢方醫學，我卻可以專心看上好幾個小時，一點都不覺得累，想想實在是很不可思議。

我喜歡讀跟漢方藥相關的論文和書籍，也會參加線上課程，以前還常出差，參加學術研討會。會如此熱衷於此，是因為我切身感受到自己所學與患者的臨床症狀之間有著深刻連結，而這也讓我對於漢方醫學的熱忱一年比一年更深。

我曾在精神科醫院服務過一段時間。記得當時有位罹患思覺失調症的患者，明明不好笑的事也可以笑到停不下來，他會誇張大笑，甚至狂拍室友肩膀，直到最後精疲力盡地睡著為止。這是一種名為「善笑」的罕見症狀。

當時我站在精神科醫師的角度，為他同時開立了西醫和漢方藥處方，但我突然想起以前讀過的文獻，裡頭記載「黃連解毒湯」的功效「能治喜笑不休」，因此立刻加開處方給患者服用，果然一試見效。過去服用各種西藥都不見改善的症狀，這次終於對症下藥，讓大家鬆了一大口氣。

漢方藥的功效，儘管仍有許多部分尚待現代科學釐清，然而深入研究，不禁令人驚嘆於這份來自中國四千年歷史中蘊藏的智慧。目前世人對於漢方藥的研究仍在繼續，而我也不會停下我的腳步。

為了能夠繼續擔任漢方專科醫師，我必須每五年提出臨床報告，以辦理執業執照更新。我期許自己儘可能延長服務年限，為患者貢獻一己之力。

第三章

適度遺忘「過去」

43

忘掉「經驗」

別把自己的經驗
當成拿來攻擊別人的「劍」。
要將經驗視為「指南針」，
找出事物的大方向。

有些人覺得「年紀大會變得比較圓融」；但也有一派說法認為「人越老越固執」。
隨著年紀增長，變得比較圓融的人，應該都是在人生中累積了許多經驗，跨越層層試煉的人。所以無論發生任何事，或任何人說了些什麼，他們通常不會有太過激烈或突然的反應，反而會平靜地接受「人生難免會有這些狀況」，以更開放的態度去看待事物。

而越老越固執的人，大部分也都是因為經驗豐富，才會變成如今的模樣。他們打從心底認定「我一路走來都是這麼做的」、「在我那個時代都是這樣」……他們把自己的經驗套用在所有事情上，當作所有人的決策基準，但從他人的角度來看，這其實就是「頑固而不懂得變通」。

來到我的診所就診的高齡患者之中，有些人在看到我開的藥方後，會很開心地說：「原來漢方藥對這個症狀有效嗎？那我要快點來試試看！」，表現地躍躍欲試；但也有人只願意服用自己想吃，或是他們認為適合自己的藥；還有些人雖然按照醫囑服藥，卻仍對漢方藥抱持懷疑的態度，只能說什麼樣的人都有。

有些患者展現出來的堅強韌性，讓我也想效法學習；但有時我也會看到固執到令人惋惜的反面教材。

「人生的經驗值」可以轉化成包容對方的豁達；也可以拿來當成武器，強詞奪理打擊對方。你想選擇哪種作為人生態度呢？

44

忘掉「過去的輝煌成就」

無論是美好的回憶、痛苦的記憶，最好都適度地「遺忘」。與其把過去輝煌的「勳章」別在身上，我更嚮往「專注當下」，自在生活的人生。

自己的挫敗也好，他人的失敗也罷，我們不需要永遠沉溺於過去不好的回憶當中。反之亦然，即使曾經的回憶再怎麼美好，最好也要輕輕放下，適度遺忘。這樣的人生，路走起來會更加輕鬆快樂。

過去的輝煌戰績、成就和經驗，肯定都是日積月累的努力所造就出來的寶貴資產。

然而，比起把過去的輝煌當成勳章，永遠別在胸前，我更傾向於只在偶爾有人提起時，想起「曾經有過這麼一回事呢」。我認為，這樣的生活態度恰到好處。

我始終期許自己能夠專注於當下，而非過去。

儘管我在醫療機構擔任精神科醫師的資歷已經超過30年，接觸過無數患者，但我現在內心最真實的想法，正是希望自己能夠「拋開那些身為精神科醫師的成就，只專注在當下的每分每秒」。如今，我正面臨著以漢方藥治療心病的全新挑戰，每天都絞盡腦汁思索自己該怎麼做，才能幫助眼前的患者康復。

不管是再美好的往事、再糟糕的回憶，過去的就將它輕輕放下。我期許自己成為一位樂意接受新的挑戰，永遠活在「當下」的人。

45

以行動忘掉「挫敗感」

人在感到挫敗時，
會為了挽回局面而有所行動。
只要動起來，
挫敗感就會被拋向腦後。
也請別將他人的失敗記在心上。

每個人或多或少都有過失敗的經驗。碰到挫折時，要學會調整心態，思考「接下來該怎麼辦」，想辦法讓自己有所行動。

重點不在於避免失敗，而是失敗時，你能不能馬上原諒自己。

無法原諒自己的人，會不斷苛責自己，心中反覆自我詰問：「如果當時這麼做，現在會怎麼樣？」、「要是這次又失敗的話，該怎麼辦？」……他們將注意力放在過去和未來，無法專注於當下，導致心力交瘁。

我個人最近就有個類似的經驗。我看到任天堂Switch的廣告，心想孫子們能開開心心地一起玩，便打算買一台送他們。我問了他們：「家裡有Switch嗎？」，他們回答：「沒有。」，但就在我興高采烈地買回家後，卻被嫌棄買貴了，還說他們本來就打算要買，而且可以用更便宜的價格買到。

雖然我的出發點是想看到孫子們高興的樣子，但沒有考慮到對方的狀況就貿然行動，這點我自己也稍微反省了一下。不過我的個性大而化之，很快就把這段小插曲忘得一乾二淨。而孫子們也沒有把遊戲機拿去退貨，我想他們應該還是玩得很開心吧。

除了要快點忘掉自己的失敗之外，別人的失敗最好也別放在心上。失敗時，最沮喪的莫過於當事人自己，所以實在沒有必要又在人家的傷口上灑鹽。

46

「擔心」也要適可而止

過去無法改變；
未來不可得知，
你唯一能掌握的只有「現在」。
「暫且擱置」對未來的擔憂，
專注在當下能做到的事。

我的診所開業至今已經一年多，現在每天都有許多患者上門。但剛開業的前幾個月，經常門可羅雀，整天沒有任何患者。

說完全不擔心肯定是騙人的。但那時候的我選擇每天在沒有患者的診所裡大量閱讀漢方相關書籍，研讀最新的臨床案例和論文，或是參加線上講座，持續做著對患者有益的事。

後來陸陸續續開始有患者上門，我用最誠懇的態度面對每位患者，診所的營運漸漸步上軌道。

人之所以會感到焦慮或擔心，多半是因為我們把自己的未來往壞的方面想。明明我們不會知道接下來會發生什麼，畢竟未來的事，誰也說不準。

所以，如果你又開始感到擔心或焦慮，不妨將這些情緒先「暫且擱置」在一旁，集中火力處理今天必須完成的事，或是做對未來有幫助的每一件小事。

每個「當下」的累積，都會為你創造未來。

如果因為過度焦慮「當下」而無法採取行動，漢方可以幫助你緩解內心的不安。記住，能夠思考當下該為自己做什麼，並且付諸行動的，只有你自己。

47

適度忘掉「不幸」

一個人幸福與否，
不是用「比例」來衡量的。
雖然無法將不幸福的比例降低為零，
但只要對當下已經擁有的一切，
「心懷感激」就能夠獲得幸福。

在診間和許多患者對話的經驗，讓我不禁思索「幸福」究竟是什麼。有些人會說些像是「只要換個工作，我就會變得快樂」、「我會這麼不幸，都是因為丈夫不懂得珍惜我」，或者「孩子的工作不穩定，讓我感到好焦慮」之類的話。這些將不幸歸咎於他人的行為，有時會讓人誤以為自己因此失去了幸福。

我活到這個歲數才慢慢體會到，人的幸福並非取決於先天的條件或者環境，而是在於我們能否察覺，並真實感受到自己已經擁有的一切。如果你認為「除非得到某樣東西，否則無法幸福快樂」，那麼你只會把目光投向自己沒有的事物，沒辦法真正感受到幸福。無論是理想的工作、夢想、想做的事、伴侶、父母、車子、房子、學歷等等，如果要把自己尚未擁有的東西通通列成清單，那可說是永無止境、沒完沒了。

當然，努力去爭取自己尚未擁有的東西本身並沒有錯。然而，在爭取的過程中，沒有必要因為自己「還沒擁有」，就覺得自己是不幸的。

即使沒有辦法排除所有讓你感到不幸的事物，你也可以自己決定讓自己從現在開始變得幸福。

讓每個人都能「瞬間變得幸福」的魔法，就是「好好注視自己已經擁有的一切，真實感受當下的幸福」。

48

忘掉那段「抽到下下籤的過往」

人生有些收穫，來自於不受命運眷顧的逆境。為了他人而付出的時間，會成為你無可取代的經驗。

到我診所看病的患者中，有些人因為工作和家庭蠟燭兩頭燒，身心俱疲而選擇辭職；有些人為了照顧年邁的父母，放棄自己熱愛的工作，返鄉成為全職照顧者；還有些人因為生病暫時無法工作，每個人都有著自己的苦衷。

我自己是在第五個孩子出生後，決定暫時中斷醫師生涯，成為全職主婦，在家專心照顧孩子。但我內心始終渴望有朝一日能重返醫界，所以等到孩子們陸續上了大學之後，我便在51歲那年決定重披白袍。這是我在相隔14年的空窗期後做出的重大決定。

我曾經是名婦產科醫師，但在決定重回醫界時，我選擇投入精神醫學，立志成為精神科醫師。爾後，我開始對日本傳統漢方醫學產生興趣，因而成為漢方醫師，如今自行開業行醫。

當然，無論是選擇回家照顧孩子，或是重返醫師生涯，都是我自己做的決定。我覺得自己十分幸運，一路走來除了得到丈夫、孩子跟母親的支持之外，還受惠於時代的改變及許多人的指導，才造就了今天的我。現在，我只想把眾人對我的支持，以及自己多年來的行醫經驗回饋給患者。

那些讓你感覺彷彿「抽到下下籤」的過去，雖然並非出自個人意願，但逆境終會化為無可取代的經歷。

你為了他人所付出的時間，也許不會直接從對方身上得到回報，但肯定會以其他的形式回到自己身上。經過這麼多年的歷練，我是真心這麼想的。再者，自己起心動念，想為別人做某件事的想法，遠比什麼都更重要。千萬別忘了，無論你幾歲，人生永遠都可以重新出發。

49

忘掉「都是父母的錯」

碰到不順遂時，別總是把責任歸咎到父母身上。既然已經是個大人，就要為自己的人生負責。

各位可能都有聽過「毒親」這個名詞。近年來，「父母轉蛋（親ガチャ）」這個詞彙也在日本社會引發話題，意指人生的幸與不幸，取決於出生在什麼樣的家庭；然而我們不能自己選擇父母，就像轉扭蛋一樣，一切全憑運氣。

父母確實會對人生產生很大的影響，但當年紀過了半百，還把過錯推到父母身上，真的會對人生有幫助嗎？

當你忿忿不平地認為「我好不幸」，或是「人生真不公平」時，你的受害者心態也會變得越來越強烈。

但如果你選擇冷靜地觀察現實，就會發現世界上雖然有人比自己更受到老天爺的眷顧，但也有些人沒有自己那麼幸運。從小含著金湯匙長大的人，也會對自己的人生感到不滿；而有些人即使小時候過得非常辛苦，卻也能在長大成人後有所成就。

我認為，這中間的差別在於有人只是不斷地抱怨自己的出身跟所處環境，卻不採取任何行動；相反地，有些人懂得透過努力，讓自己去到一個能獲得公平待遇的環境。

長大成人以後，人生終歸得自己負起責任。

與其一直站在原地，感嘆自己沒有好的出身，倒不如奮力起身，把自己帶往自己真正想去的地方。

能讓自己動起來的只有自己。務必記得，你隨時都可以捲土重來。

50

忘掉「鬱悶的心情」

別陷入不好的回憶當中，一遍又一遍地重溫過往。找出適合自己的方法轉移注意力，走出煩惱的深淵。

每當回想起過去的創傷，或是容身之處遭到剝奪的痛苦記憶時，我們就會重新經歷當時的痛苦與悲傷。這樣不僅會引發情緒上的焦慮不安，還會產生強烈的自我懷疑。

當然，如果遭遇重大創傷事件，或目睹無法預期的死亡，引發創傷後壓力症候群（PTSD，Post-Traumatic Stress Disorder），請至醫療院所或諮商中心接受專業治療。

人心確實會因為人生中的各種事件而受到傷害。

當你一次又一次地回想起別人批評自己時，內心所感受到的痛苦；或是耿耿於懷自己受到的不平等待遇時，較好的處理方式是找人談論自己的感受。你可以前往諮商中心尋求專家的協助，也可以找朋友聊聊。

和其他人聊聊自己的感受，除了可以稍微減輕心理壓力之外，同時也可以透過他人的視角，確認「那些讓你感到痛苦的事件，現在是否仍持續在發生？」。

找出適合自己的調適心情方法也很重要。對我來說，最好的方法就是打電話給我的小女兒。除了跟她聊聊我的感受之外，我們也會閒聊一些無關緊要的小事。奇妙的是，每次聊著聊著，我的心情自然而然就會變得開朗起來。我跟小女兒習慣每個月一起去一次美容院，她常會在電話中順勢問我：「對了媽媽，我們什麼時候再一起去美容院呀？」。當我開始盤算「該約什麼時候」時，焦點很快地就會從過去的不快，迅速切換到明天以後的未來。光是這麼做，就能讓我的心情變得愉悅，然後到了隔天，我又會像平常那樣好好地過日子。

從煩惱中轉移注意力的方法，總是出現在一些意想不到的地方。

51

偶爾忘掉「時間」

時間是一帖良藥。
悲傷確實需要很長一段時間
才能被逐漸沖散。
「專注」於某件事，
有時能讓我們稍微忘卻時間。

很多人因為走不出失去親人的悲痛而持續沉浸在傷痛之中。

曾經有位患者，因為照顧了三年的丈夫病逝，導致她出現強烈的悲傷反應，整個人變得無精打采，做什麼都提不起勁。據她所說，喪偶的悲痛已經持續兩個多月。事實上，失去親人的悲痛並不會那麼快就消失。

但如果整個人沉溺在悲傷當中，既不出門，也不活動，身體只會漸漸失去活力，肌肉也會跟著流失，精神變得更加萎靡。

我建議她試著找個能讓自己馬上開始行動的興趣，讓身體先動起來。

雖然一時之間她也沒有頭緒，但過了不久之後，她想起自己曾經經營過一間花藝教室，於是打算重新投入插花。

下次回診時，我發現她的精神好了許多。她說自己正在考慮重新開始經營花藝教室，因為有人想要向她拜師學藝，這讓她感覺到自己被需要。看到患者終於露出上次看診時不曾出現的笑容，著實讓我鬆了一口氣。

當悲傷來襲時，如果你有工作，或其他待解決的任務在身，請投入其中並讓自己保持忙碌，靜靜地等待心中的傷口隨著時間慢慢癒合。

雖說「時間是帖良藥」，但這段等待傷口癒合的時間必會是條漫漫長路。「行動」會是你忘卻時間，排遣悲傷和寂寞的好幫手。

52

忘掉「懊悔」

正面看待眼前必須完成的工作，將之視為一份有意義的禮物。

曾有位患者告訴我：「我過去的生活重心都放在照顧先生跟婆婆之上，現在他們兩個都不在了，我的心像破了一個大洞，什麼都不想做。」，於是我問她：「請妳試著想像看看，你的先生和婆婆如果知道他們走了以後，你變得像現在這樣什麼都做不了，他們會開心嗎？」。

面臨失親或喪偶之痛，心裡最為空虛失落的，正是那些覺得自己「再也無事可做」的人。他們的心思不斷徘徊掙扎，不停地檢討自己「當時要是那樣做就好了」，或是覺得「當時應該也可以這麼做」，因而深陷在懊悔之中。

這種時候，我覺得動動手腳，「活動身體」會是個不錯的辦法。因為當你反覆思考，沉溺在回憶裡時，會感覺自己快被吸入內心情緒的黑洞。此時或許可以收拾一下房間，或是幫許久沒拋光的地板打個蠟，讓地板變得亮晶晶的。當然，有工作的人可以選擇全心投入其中。

14年前，我的先生過世時，孩子們的就學貸款尚未還完。或許也是因為先生要走之前，曾經交代我：「剩下的就交給妳了」，所以說實在的，當下我還真的沒有時間難過。我只知道自己必須繼續工作，賺錢養家。

當時的我每天都專注於處理眼前的工作，認真面對每位患者。事後回想起來，這筆貸款或許是先生刻意留給我，讓我有事可忙，而不至於天天胡思亂想的一份禮物吧。

每件擺在眼前、待處理的工作，都是一份有意義的禮物。或許可以採取這個觀點，試著讓自己慢慢振作起來。

53

忘掉「好勝心」

保持不想輸給自己的心情固然重要，但不願輸給他人的好勝心，剛剛好就好。對歷練豐富的人來說，謙虛才是眞正的美德。

好勝心強並不是件壞事。回首過去的人生，我之所以能開創不同的道路，也是因為有顆好勝的心。我認為，如果能把好勝的矛頭瞄準自己，好勝心便會成為最強大的武器，同時也不會誤傷他人。

但要是冒出「為什麼別人有，而我沒有？」、「為什麼那個人會，而我不會？」的想法，不停地拿自己跟他人比較而變得自卑，那根本就沒有必要。抱持過度爭強好勝的心態與他人較勁，反而容易被對方操弄，造成自己對努力這件事情本身感到厭倦。一直向外尋求他人的肯定，對身體和心靈都是有害的。

隨著年紀增長，如果能夠學會把好勝心用在自己身上，儘可能期許自己做到「能力所及的最佳程度」，那其實是件好事。這種好勝心就像是「人生版的青春十八車票*」，讓你在能力範圍內不斷挑戰自己，或是嘗試體驗過去沒有接觸過的事物。

有些事情可以透過挑戰，慢慢變得得心應手；但也有些事情會因為生病或是老化，逐漸變得再也沒有辦法做到。每個人都會變老，這是人生必經的過程，那些拿自己跟他人比較，覺得自己表現得比別人優秀或是差勁的想法，都是沒有意義的。

我期許自己不要意氣用事，要能坦然面對，而且不執著於自己做不到的事，時時對人懷抱著一顆謙遜的心。

上了年紀以後，我開始練習凡事先退一步，在別人提問之前，不先發表意見；自己要開口前，先聽聽看別人怎麼說。謙虛是成熟的證明，或許也可以說，人生的歷練得以造就一個人的氣度。

*註

由JR東日本所推出的期間限定套票，配合日本學生的春假、暑假、寒假假期發售。雖以「青春」為名，但不分年齡皆可購買。持此票券能夠隨時「中途下車」，探索平常不會去到的地方車站。

54

忘掉「非黑即白的二元思考」

一件事情究竟是好是壞，有時並不是非黑即白。偶爾必須跳脫二元對立的思考方式，介於黑白之間的灰色地帶也不壞。

個性越是認真、正義感越強的人，往往越會希望能搞清楚是非黑白。然而，世界上絕大部分的事情都是模稜兩可的，有時會因為觀點不同，產生截然不同的看法。所謂的正義也是一樣，即使從某方的角度來看是正義的行為，對另外一方來說也可能正好相反，很難分清是非對錯。

前陣子診所來了一位工作十分忙碌的40多歲男性患者，他向我抱怨：「我們公司很奇怪，想要達到工作與生活的平衡，根本就是不可能的事。」，然後把責任歸咎於公司上司與組織問題，當下的煩躁與憤怒值簡直快要爆發。

這名患者的確處於相當艱辛的狀況當中，然而，他異常憤怒的原因卻很可能是外部壓力導致的體內循環不良。聽完他的抱怨後，我告訴他：「你再繼續這樣抱怨發牢騷的話，可是會很傷身的喔！」，同時根據患者焦慮的症狀，開立有助緩解情緒的漢方藥處方。過了一陣子之後，當這位患者前來回診時，我發現他變得比較能夠冷靜下來，也比以前更加懂得綜觀全局。

話說回來，要去判斷這世界上所有事情究竟是好是壞，原本就很困難。

彼此的立場也是如此。即使試圖評斷優劣，只要判斷基準改變，結果就會立刻跟著翻轉。主張自己的正義很可能會傷害對方；但一昧地聽從他人的說法，也可能會因為自己的正義無法伸張而感到憤怒、累積壓力。

這個世界上有著各式各樣的人，我們生活在一個尊重多元性的時代。如果我們願意接納每個人，抱持「人人都能按照各自所認定的是非標準和價值觀來生活」的想法，那麼我們的心靈或許也會輕鬆許多。

55

忘掉「競爭」

去做那些近在眼前，任何「對他人有幫助的事」。比起與他人競爭，我更重視自己的內心認同與否。

近年來，新冠肺炎疫情在全球掀起風暴，許多人的身心狀態因為飽受壓力摧殘而失去平衡。面對這種狀況，我一直感到非常不忍。

最近兩週，診所的預約掛號全滿。每當接到「連我都覺得趕快就醫比較好」的患者提出加掛需求時，我都會想辦法接受現場加掛。

自新冠肺炎疫情蔓延以來，附近的身心內科和精神科的預約掛號便經常額滿，看一次病要等上好幾個月的狀況可說是一點也不稀奇。每當擔任掛號櫃檯的兒子問我「可以讓患者加掛嗎？」的時候，我通常都會毫不猶豫地答應。

我到今天都還健健康康地活著，如果能對社會有所貢獻，那麼我很樂意把行醫視為我的人生使命。即使幾乎沒有休息時間，常常很晚回家，我也不是很在意。

一個人如果感覺到自己屬於這個社會，並且有能力幫助他人，便會得到幸福和滿足。幫助人不一定要做什麼大事，最重要的是，你是否能感受到自己的存在對他人有所貢獻。

隨著年齡增長，只要我們還能健康地活著，就應該選擇一種能夠幫助他人，又能讓自己幸福，既利人又利己的生活方式，而非總是與他人競爭。人生真正的滿足，來自於助人的愉悦感。

56

忘掉「自我犧牲」

做自己覺得開心的事，為社會貢獻心力。生命的意義需要自己發現。

所謂的利他行動，並不是指你必須犧牲自己來為他人奉獻。但如果一個人能珍惜著這份「發自內心想為他人付出」的心意而活，必能感受到更多與他人之間的連結。

事實上，當一個人自願幫助他人時，體內便會分泌催產素。催產素又被稱為「幸福賀爾蒙」或「愛的賀爾蒙」，會使人產生幸福感，還能帶來減輕壓力的效果。這也是為什麼，每當我們想要有所貢獻、採取積極行動時，自己也會變得快樂、身體更加健康。

最近，我把從一年多前，診所開業以來就一直在寫的〈知道賺到〉的專欄文章，整理並發佈到部落格上。我用簡單易懂的方式，把至今所學到的智慧，以及一些「知道了會更好」的事分享給讀者。此外，我也持續寫些關於營養改善、輕微症狀的自我照顧等相關文章，希望能幫助讀者變得更加健康。

當然，我寫的內容對讀者而言是不是真的「知道賺到」，必須交由讀者判斷。不過實際上，我已收到很多患者的回饋，告訴我他們在家效仿專欄文章的建議後覺得很有效，這點讓我感到非常開心。

如果你有能力、有技巧，以及值得跟大家分享的知識，你就應該持續對外發聲。我們所該做的，不是那些讓自己感到痛苦，或勉強自己付出的事；而是以自己的體驗、經歷及知識為基礎，去做既能幫助他人，又能讓自己感到開心的事。我覺得這樣很棒。

第四章

別忘記「做點小挑戰」

57

「只做」你想做的事

不要為自己設下
所謂的「年齡限制」。
永遠以自己為主角，
無論何時都做自己眞心想做的事。

想要讓身心都保持活力，我認為最重要的是「不要為自己預設年齡的限制」。這裡的年齡限制，是指明明心裡有想做的事，卻以年紀為藉口，阻止自己嘗試新事物。

仔細想想哪些是自己能做到的事、哪些是做不到的事；哪些是自己想嘗試的事、哪些是根本沒有興趣的事；哪些是自己做了會感到快樂的事、哪些是做了會感到不舒服的事；自己想跟誰在一起、不想跟誰有任何牽扯……更敏銳地去感知一切。

請永遠以「自己」為主，去做自己真心想做的事。

我至今仍維持著大量閱讀的習慣，因為我想多學習新的事物。自新冠肺炎流行以來，我參加了不少線上舉辦的漢方講座，並時常使用電腦、智慧型手機跟LINE。

每當我告訴別人這些事時，大部分的人反應都是：「你都90歲了，居然還這麼厲害！」，然而事實上，他們被我的年齡嚇到這點反而讓我更驚訝。無論你幾歲，人只要活著，永遠都能學習接受新事物。

不過話說回來，確實有些事是年紀大了以後就沒辦法再做的。

即使如此，在我們的人生旅途中，想嘗試卻尚未行動的待辦清單裡，應該還有很多與年齡和體力無關的事情，值得我們去挑戰。

就算會因為年齡的增長而失去一些東西，但每當迎來早晨，我們就又能得到全新的一天。就讓我們專注在今天能做到的事情上吧！

58

請別人用「喜歡的方式」稱呼自己

如果不想被叫「阿嬤」，可以請對方直接稱呼你的名字。語言對心理的影響，遠比想像中還要巨大。

我覺得被叫「阿嬤」聽起來很老，所以主動告訴兒孫們，請他們直接喊我「英子」。正是因為常常聽到別人呼喚自己，所以更會希望稱呼方式是能讓自己感到開心的。

環顧周遭，我不認為自己是唯一一個希望別人直呼自己名字，而非「阿嬤」的人。

儘管我不是很喜歡旁人用年紀來評斷我，但有時連我自己都會被自己的歲數嚇到。所以現在的我也會告訴自己：「好吧，畢竟有年紀了，這也是沒辦法的事。」。

參雜在日常生活中的無意識偏見，有時很容易會不小心傷害到他人，或是限制了自己的思維，甚至因此失去自我。

不僅如此，人們似乎還會因為年齡的增長，更強化這種無意識的偏見。例如一開口就說：「現在的年輕人啊……」，這句話正是典型的偏見。

隨著年齡增長，我們能夠了解年輕世代的新價值觀的機會也會越來越少。正因如此，我總是提醒自己要多跟年輕人聊天，平常就要努力學習新知，並將新的事物融入日常生活中。透過LINE跟孫子們聊天讓我很開心；和年輕的患者交談也會聽到許多我不知道的新詞彙，這也讓我覺得很興奮。

硬把狹隘的價值觀套用在自己跟他人身上，是件非常可惜的事。

59

擁有「不同面貌」

「不同於平常的自己」，
這句話聽起來是不是很棒呢？
大腦喜歡可以切換模式，
進入「開機狀態」的生活節奏。

有一次，我年幼的孫子告訴我：「醫院裡的英子跟在家裡的英子不一樣，醫院裡的英子會變成醫師的模樣耶！」。

在診所時看到的我，和在家裡看到的我，對孫子來說，似乎是兩個完全不同的人。

雖然當下的我並沒有自覺，但活到這個年紀，還能夠過著每天披上白袍迎接患者的生活，我的內心只有無盡的感恩。穿著白袍在診所執勤時，我總是覺得精神抖擻。這段時間對我而言，是切換到工作模式的「開機狀態」。

不過，能讓我切換到「開機模式」的，可不只有工作而已。諸如準備出門和朋友喝茶聊天時，替自己挑一套合適的衣服；參與地方舉辦的活動，認真地做好自己該做的事；一個人全然沉浸在嗜好裡的時光；為了款待某人，雀躍地忙進忙出做準備……

時常切換各種不同的「開機模式」，有助於活化大腦功能。如果你總是無所事事，待在家中漫無目的地看電視，那麼是時候起身，換件衣服出門去了。請半強迫式地為自己創造進入「開機模式」的時光。

保持規律的生活作息，並且每天都和社會有所連結，給自己一點點的刺激和小挑戰。例如「走平常不會走的路」、「去平常不會去的超市逛逛」等等，能夠立刻嘗試的「新事物」可說是不可勝數。

60

坦然地「麻煩別人」

自己能做到的事就自己來；做不到的事就請別人幫忙。當個能好好說出：「那就麻煩你了！」的人。

每當看到我塞滿好幾本書和好幾個資料夾，撐得鼓鼓的公事包時，許多人會驚訝地問我：「你每天都背這麼重的包包上下班嗎？」。當他們看到我肩上扛著包包，手上還拿著其他東西時，都會好心地想幫我忙，但我的個性喜歡自己的事情自己來，所以都只是感謝他們的好意。

個性不喜歡麻煩別人的我，卻在診所開業時，受到許多人的幫助。我把開業計畫告訴家人們，並說：「那就麻煩你們了。」，每個孩子都以他們各自的方式，在各個層面上給予支持。

我的二兒子向公司申請提前退休，負責所有行政工作及診所的營運；大兒子是名醫師，他事先和周邊的醫療機構打過招呼，打點好緊急狀況發生時的應對策略；三兒子負責診所的裝潢，三媳婦則為我縫製窗簾。診所裡的冰箱是我的三女兒買的，觀葉植物則是四女兒送的，其中一個孫子還送了我一台電視。二女兒每天都做飯給我吃，還會幫我準備便當；住得比較遠的大女兒總是會在固定時間，跟孫子一起打電話來和我聊天。我的兒孫們各自以自己的方式，支持著我人生中的新挑戰。

年紀大了還想要什麼事都自己來是不可能的，因此「自己能做的就自己來」和「懂得借助他人的力量」兩者同等重要。

我想當個能夠誠懇說出：「那就麻煩你了！」的人。這也是我每天都在練習的課題。

61

學了就會愛上

學習是件快樂的事。
不要想太多，
放手嘗試想做的事。
這也許會為你的人生，
迎來意想不到的轉機。

一直以來，我都是一邊行醫，一邊抽絲剝繭地找出時間，把各種學習融入到日常生活當中。以前孩子上才藝班時，我覺得在外面乾等很無聊，於是決定利用這段時間去上英語會話班。結果不但學上癮，報名了英檢，還在考試會場遇到女兒的同學，現在回想起來，真是一段美好的回憶。我在家當全職主婦時，也曾以函授課程的方式學習營養學和心理學，這些學習對我後來的育兒觀念和看診都很有幫助。學習是件快樂的事，我為當時努力學習跨領域知識的自己感到非常驕傲。

我後來還去學了四柱推命。很多人都驚訝地問我：「妳明明是個醫師，去學算命幹嘛？」，但當時的我沒想這麼多，只是單純地想知道七個孩子未來的命運才去學習命理。學了以後我才發現，四柱推命是門深奧且很有意思的學問。我是那種即使算命的結果不好也不會太在意的人，畢竟運勢好壞都無所謂，重要的是這會成為我決定人生方向，提點自己前進的參考依據。

我的一個女兒在知道自己的生日如果再晚一天，就會是命中注定的人富大貴之人時，還曾跟我開玩笑說：「媽媽，妳為什麼就不能多忍一天呢？」。這個女兒現在是個每天辛勤工作的四寶媽。七個孩子各自活出了七種不同的人生，想想真是深有感觸。

曾經學過的東西，會在未來人生的某個時刻幫助到自己，甚至帶來意想不到的轉機。更重要的是，學習本身就是一件快樂的事。我目前最有興趣的領域是「生藥*」，我想更深入地了解該領域，所以現在很認真地在蒐集資料。

*註——將自然界的植物、動物、礦物三大天然物質，經過簡單加工處理，製為藥品或醫藥原料。

62

花錢買「經驗」

盡情去做自己想做的事情。如果都是花錢，買經驗永遠比買東西更有價值。

剛剛提到四柱推命，這麼說起來，其實我就是個什麼都想嘗試看看的人。基本上，我不太會去考慮學了以後有沒有用，或有沒有好處這種事，不要去壓抑自己想要嘗試的心情，才是我最重視的。我對孩子們也是如此，無論他們想做什麼，我都會盡量讓他們去挑戰看看。

因為我相信，挑戰會為生命帶來力量，所以我很樂見家人勇於接受挑戰。我的孩子們上過各式各樣的才藝班，有珠算、鋼琴、電子琴、小提琴、柔道、手鈴、畫畫和補習等等，學這些才藝當然很燒錢，但是盡力籌措栽培兒女的資金，本來就是我的職責之一。孩子們就讀醫學院、牙醫學系的學費也是一大筆開銷，我們夫婦倆當時是用貸款的方式來讓孩子們實現他們的夢想。

現在在診所幫忙的二兒子，在我籌備診所期間，和他談到手頭上的資金時，才第一次意識到這些事。他說：「我現在才知道，原來爸媽總是優先滿足我們小孩子的願望。」。

有時候，來診所看病的患者會向我傾訴他們人生中感到遺憾的事，覺得自己「想做的事都沒有去做，就這樣渾渾噩噩地度過半生」。這種時候，我總會鼓勵他們：「忘掉沒有採取行動的後悔莫及，把目光集中在此時此刻吧！」。

在我們眼前的，永遠都只有「現在」。有想做的事，就趁現在去做吧！如果都是要花錢，我寧願把錢花在買經驗和回憶，而不是拿來買東西。如果你有想做的事，就別去考慮這件事到底「有沒有用」。

63

自己「查資料」、自己「做決定」

在資訊爆炸的時代，更需要靠自己調查和思考。知識能幫助我們做出決定，就連疾病的治療方式，最終也應該由自己選擇。

我的丈夫在77歲時因大腸癌去世。他在第一次手術後，發現癌細胞轉移；我建議他再動一次手術，切除癌細胞，但他最終並沒有接受我的建議。在知道他的決定後，我也沒有再試圖說服他。儘管不知道自己這麼做是否正確，但這是丈夫的選擇，我也只能尊重他的想法，陪伴他走完人生的最後一程。

我認為，即使生病的是自己的丈夫，該如何治療疾病，最後做決定的還是病人自己。想為自己的疾病治療方針做出決策，平常就必須廣泛地涉獵各種醫療知識，例如「出現這種症狀時，必須去找這個專業的醫師」；或是「這個疾病有哪些治療方法？」等等。

在這個科技發達的時代，我們很輕鬆就能查到各種資訊，我自己碰到不懂的事時，也會立刻上網搜尋。然而，也正是因為身處資訊量過大的時代，比起搜尋能力，我們更該培養的是得到資訊後，自己做出判斷的能力。不要盲目地相信所有資訊，而是要自己找到值得信賴的醫師和治療方法，並且自己為自己做出選擇。

如果不是自己選的，在面對結果時，你或許會感到後悔；但如果是自己的決定，你就能夠相信這個決斷，並坦然地接受結果。

同理，我們也必須盡可能地尊重對方深思熟慮後做出的決定。活到這個歲數，我越來越深刻地認知到，自己要對自己的人生負責。

64

接觸「新科技」

就算上了年紀，
也不要害怕接觸新的數位工具。
打字有助於活化大腦。

常有人說「手是人的第二個大腦」。動動手指，有助於活化大腦。日常生活中，如果有可以經常做菜、彈琴或是畫畫的環境，自然而然就能維護大腦健康。

我在問診時需要打字製作病例，平時也會在部落格上撰寫相關的衛教文章。利用桌上型電腦，很快就能夠完成這些工作。

我高中時曾學過「打字」，當時大概是昭和22年（西元1947年）。我還記得當我看到補習班的招牌上寫著「英文打字教學」時，心中那份油然而生的「新奇感」。學打字就像是學書法一樣，受益良多。後來上大學之後，我的打字能力獲得許多人的賞識，也幫上了不少忙。

電腦大概是在我70歲左右開始普及，因為年輕時學過打字，所以當時的我沒有多想，馬上就開始學習怎麼操作電腦。後來我逐漸習慣使用電腦工作，現在，24吋的電腦螢幕和印表機已經成為我工作時不可或缺的得力助手。

我用的不是長輩手機，而是智慧型手機iPhone。我很喜歡用LINE跟孫子們傳照片和閒聊。

目前生活中慣用的電腦、智慧型手機和部落格，都是當初自己覺得「好時髦」、「如果學會了一定很棒」、「好想試試看」才開始學的，如今這些都已成為我的日常。

在你認定某件事對自己來說可能有點困難之前，不妨先試試看再說。說不定反而一試成主顧，變成新的嗜好。建議各位不妨多動動手，讓大腦保持年輕。

65

為他人挑選「禮物」

不經意送上的禮物，不只能讓對方感到開心，也會讓自己的大腦和心靈感染到歡樂的氛圍。

在思考要送什麼樣的禮物給某個人時，我們的內心自然而然也會感到愉悅。想像對方收到禮物時滿臉幸福的表情，自己也會忍不住雀躍起來。一邊想像對方開心的樣子，一邊挑選禮物的過程，可以有效地活化大腦跟心靈。

「要送這個人什麼樣的禮物，才會讓他感到開心呢？」

「愛吃甜食的人，一定會喜歡這款紅豆沙餡的甜點！」

像這樣一邊想像著對方的表情，一邊思考送什麼禮物會讓對方感到開心，這段時光裡，我們的眼中充滿未來，是個能讓人感到心情雀躍，大腦跟著變得開心的瞬間。

在想像這樣的未來時，不妨也同步想像一下自己和別人的笑臉吧。

日常生活中，與人互動往來時，如果能做到在說話或行動前，先思考「此時此刻，這個人會希望我怎麼做？」，就能幫助自己在未來的溝通上更加順利。當然，這麼做除了能有效活化大腦，還能夠提醒自己善待他人，可說是好處多多。

除此之外，如果能將他人為我們所做的事、對我們所說的話視為一份禮物，自然而然就能以正面的態度接納。

還有一點也是我希望大家能夠記住的，那就是送禮物這個行動本身雖然是以對方為出發點，但同時也是為了我們自己著想。當你把禮物送出去以後，收禮物的一方是否真的感到開心，那是對方的自由。因此，我們一點也不需要為了對方不喜歡這份禮物而感到失望。

66

找到「真正熱衷的興趣」

如果不知道自己喜歡什麼，
不妨回想小時候。
曾經熱衷的事，
或許就是心之所向。

我常在診間聽到患者訴苦：「我沒有想做的事」、「工作讓我好痛苦」、「找不到喜歡的事」……這種時候我都會問他們：「你小時候是個什麼樣的小孩呢？」。

之所以會這麼問，是因為小時候喜歡的東西，通常意外地會與長大後所從事的職業，或持續到現在還在做的事情有所連結。

我似乎是從小就想當醫師。還記得9歲那年，有次我母親突然感到一陣暈眩，當時的我翻開電話簿，查到京都大學醫學院附屬醫院的電話號碼，撥了電話過去說：「拜託幫我轉接給醫師」，並向對方詳細描述母親的症狀，詢問醫師該怎麼做。

如今回想起來，一個9歲的小孩竟然敢直接打電話去醫院找醫師，實在是很大膽。但當時還小的我，一心只想救救自己的媽媽，覺得一定要打給大醫院才行。

雖然這麼說或許只是在放馬後炮而已，但我會選擇當醫師，可能也是本來就對醫療有興趣也說不定。我想，或許正是這份初心，指引我走上醫師這條路。

小時候的我們會毫無顧忌地做自己喜歡的事。試著回想自己天生熱衷什麼，或許就能幫助你找到真正想做的事。

67

每天善盡「小小職責」

不需要做什麼了不起的大事。善盡自己的小小職責，每天都盡己全力而為。好比傾聽他人說話，其實也是個重要職責。

我相信每個人出生在這個世界上，並且到今天都還好好活著，正是代表每個人都有著各自的使命。

而且抱持著這樣的想法，人也會變得比較積極有活力。

許多人看到「任務」、「職責」這些字眼時，直覺就會聯想到很了不起的大事。但我認為，即使是再怎麼微不足道的小事，每個人必定都有自己應該完成的使命。

就我而言，我的職責當然就是以醫師的身份，聆聽每位踏進診所求助的人的煩惱，為他們開立放鬆身心的處方。我在開業之初，就想把診所打造成能讓患者感到安心的園地，認為「只要去到那裡，就會有人聽我說話」、「在那裡，我會有自己被重視的感覺」。

不一定是在工作上，每個人都有著自己的使命。

例如每天早晨打掃庭院時，對路過的人們道聲早安；在自己常去的運動中心或才藝教室，靜靜聆聽別人說話；或是成為父母親的說話對象，這些都算是一種人生使命。

活在這個世界上，如果自己有能力為他人點亮一天的好心情，那麼我們就要樂於接下這份屬於自己的任務。

這不僅能讓我們找到歸屬，也會為人生帶來光亮。

即使是再小的事情都沒關係，帶著使命感、善盡自己的職責、好好過日子，就是一件很棒的事。

68

肯定自己的「選擇」

「現在的自己」正是迄今為止的選擇所造就的結果。請為自己選擇的人生感到驕傲。

所謂「人生的選擇」，大部分都是意外或隨機的收穫。例如偶然看到機會，或剛好有人邀請自己。我也是順應著生命的偶然，踏上了行醫這條路。

或許也是出於當年我的父母向我灌輸「女性在未來也需要有一技之長」的觀念，我在10歲時就立志從醫。雖然也曾考慮過成為律師，但可能是受到哥哥當時就讀附近醫學大學的影響，我也決定跟隨他的腳步，立志成為醫師。

聽到我這麼說，或許有些人會覺得「自己沒能做出正確的選擇」，或是認為我只是「比較幸運」而已。但我想說的是，每個人都必須為自己選擇自己要走的路，並好好地活在當下。

人生中一連串的抉擇和偶然，成就出現在的自己。

我的人生也並非完全如己所願。過去有段時間，我為了照顧孩子而中斷職涯，但如今回想起來，這個決定對我而言，是個非常重要的人生抉擇。

如果你覺得自己的命很苦，為了生活中的不順遂而不斷苦惱，那麼請意識到這是你自己所選擇的人生，並為自己感到驕傲。

大聲告訴自己：「我是用自己的方式，努力撐到今天的！」。

不要追悔過去。我們要試著相信，自己人生至今一切的選擇，都是最好的安排。更重要的是，現在的你可以繼續為自己未來的人生做出決定。

69

回想「有所貢獻」的片刻

喪失自信心時，
請試著回想以前幫助過他人的事蹟。
越是微小的事情，
越需要謹記在心。

有些人在對自己沒有自信，或是做什麼都不順利時，很容易會產生負面想法，例如覺得自己「有夠沒用，什麼都辦不到……」，或是質疑自己「活著真的有意義嗎……」，陷入極度沮喪的狀態。此時最好的辦法，是試著回想自己過去曾經幫助過他人的記憶。

人類是種在助人時會感覺到快樂的生物。被他人感謝時，我們更能夠建立自信。

在我小的時候，曾有個覺得自己幫得上忙的經驗。那是發生在二次世界大戰期間。當時只要空襲警報響起，被指派任務的母親就得前往集會場工作，母親出門的這段時間，我會躲在玄關下的地下壕溝裡，把裝在一公升瓶子當中，從黑市買來的糙米，用棒子搗成白米；等警報解除後，碾好的白米就能烹煮食用。小時候的我覺得，這麼做就能幫上母親一點忙。雖然母親什麼也沒說，但那個覺得自己能幫上忙的成就感，我到今天都還記得。

即使是自認「什麼忙都幫不上」的人，仔細回想看看，總會有過那麼一兩次的助人經驗。沒有一個人在漫漫人生當中，從未對他人伸出援手；也沒有一個人從來沒聽過別人向自己說聲「謝謝」。

即使是再怎麼微小的事也沒關係，例如學校老師誇獎你很會照顧人，或是把失物送到警察局時對方的一句感謝。請試著回想看看當下的感受。

人生的意義在於這些小事的累積。就算不是什麼轟轟烈烈的大事、就算沒有什麼功成名就，你還是可以幫助別人。

70

隨時準備好「哈哈大笑」

開懷大笑能讓全身充滿能量。
隨時隨地留心，
尋找能讓自己開懷大笑、
感到有趣的生活大小事。

「你最近一次捧腹大笑，是在什麼時候呢？」，每次我問患者這個問題時，他們的回答不外乎都是：「雖然平常也是有笑，但捧腹大笑的話，已經是好多年前的事了。」。

醫學研究證實，笑能提升免疫力，所以我們應該要更認真看待「笑」這件事。

提到捧腹大笑的回憶，就要說說我和已故丈夫婚前發生的趣事。

當時我還是個研究生，常和結識於病理學教室的丈夫一起吃飯。我先生很健談，常會逗我開心，每次見面總是讓我笑個不停。我還曾經因為笑得太誇張而下巴脫臼，得自己動手把下巴接回去。

當時的我本來已經要去美國留學，但最後卻決定放棄出國，選擇結婚。或許正是因為我想自己這輩子再也不會遇到一個像他那樣，能讓我放聲大笑到下巴都掉下來的人吧。

會來我診所的患者，通常都是因為身心出了某些狀況。都生病了，我們有時確實根本笑不出來。但每當與患者對話時，雙方不小心笑出聲來的時候，整個空間的氣氛瞬間就會變得不一樣。

前陣子我問一位舒張壓過高的男性患者：「你的血液檢查報告中，該不會壞膽固醇過高吧？」，患者聽到我這麼問，馬上大笑回道：「哎呀，被醫師您說中了！」。由於患者實在笑得太開心，讓我忍不住也跟著一起哈哈大笑。我心想，這個患者既開朗又積極，只要好好治療，症狀跟血壓肯定都能控制得很好。笑就是最棒的保健方法。現在的我真心認為，不是因為碰到開心的事情才要笑，而是要笑，我們才會感到開心。

71

「付出」即是「收穫」

人在為了他人付出的同時，必定也會有所收穫。就好比在鼓勵他人的時候，真正被鼓勵到的往往是自己。

我的母親在還沒滿65歲時就過世了。每當我想起母親時，腦海就會浮現出喜愛大自然的她，一邊哼歌一邊走在山路上的畫面。

據說我的母親從小就很聰明，還曾經有校長親自到家裡來問她願不願意接受公費就讀女子學校，但我的外公卻以母親得幫忙家計為由斷然拒絕，母親因此失去了學習的機會。

雖然母親對這段往事毫無埋怨，但是她卻因此特別重視自己孩子學習的機會。我考上醫學院時，母親非常開心；我央求她購買昂貴的醫學書籍給我時，她也從未拒絕。母親總是不辭辛勞地拼命工作，支持我的學業。

在我成為醫師之後，她也盡全力地支持我，每天都來幫我照顧小孩。久而久之，我也習慣了有母親無微不至的照料，甚至還常跟她吵架。

每次只要吵架，母親總會迅速地脫下身上的長袖家事圍裙，拋下一句「再見！」就回去老家。隔天母親沒有露面，我也會開始反省自己，擔心她再也不會來幫忙。沒想到第三天，我那性格開朗的母親竟若無其事地照常來到我家幫忙。

如今我才明白，母親為我做的，除了來自於濃烈的母愛之外，也是她在用自己的方式支持著我。而照顧孫子們這件事也成為她保持活力的泉源。站在醫師的立場，我治療並開立處方箋，幫助患者重拾健康的同時，自己也從中得到患者的鼓勵跟支持。就像「人」這個字的兩撇一般，說明著人活著就是要相互扶持的道理。

結語

衷心感謝各位讀者讀到最後。

２０２２年的夏天，當我正在撰寫這本書時，正好是前幾年都受到新冠肺炎疫情影響而停辦的祇園祭，終於在睽違三年後再度熱鬧登場之時刻。

祇園祭原本就是祈求消災解厄的祭典。京都自古就有在玄關懸掛消災解厄用的粽子的習俗。祇園祭的粽子被稱為「解厄粽」，我家每年都會購買八坂神社的粽子。有些解厄粽可以食用，但八坂神社的解厄粽是以竹葉製作成護身符（御守）的模樣，祈求除病、消災解厄，不能食用。

從小到大，只要是祇園祭時期，我家玄關都會掛著解厄粽。婚後我也理所當然地會自己去買回來裝飾。

這種解厄粽只會在一定期間販售，不管再怎麼忙碌，我每年一定都會在這段期間抽空去八坂神社購買，這已儼然成為我家的傳統。現在我除了買自己家的，也不忘為孩子們各自的家庭添購，當作討個吉利，這會讓我有種「我的家人們今年也會健健康康的，真是太好了！」的感覺。

日本至今仍保留許多美好的習俗和文化。回想起小時候在傳統節慶活動上的體驗，還是會覺得觸動心靈，讓人充滿能量。如果你已經有很長一段時間不曾參加過這類傳統節慶，不妨試試將它們重新納入你的行事曆，成為「屬於你的傳統」。

珍惜自古以來傳承的美好文化，對於保持心理健康是不可少的儀式。我認為，討個吉利或祈求好運的儀式、節慶或者物品，肯定也能成為治療心病的「良藥」。

我的小女兒有時候會說：「英子醫師明明是個醫師，不開藥就算了，還常常把『這個吃了運氣會變好喔！你吃吃看！』掛在嘴邊。身為醫師卻說這種話，真是不可思議。」。

我起初受的是西醫教育，後來長期研究漢方醫學，並將兩者整合，運用在診療上。自古延續至今的傳統文化、習俗及研究，正是健康生活的智慧所在。身為醫師，我期許自己開出的「藥方」，是病人真正想要且需要的。一路走來，我也真的走上這條正確的道路。在這趟旅途中，我受到好多人的幫助，為此我衷心感謝。

「有沒有什麼方法，能讓人生輕鬆一點，不要那麼累？」

我突然想起在撰寫這本書時，一位患者在診間問過我的問題。無論過去或是現在，我的答案始終如一，那就是——「請珍惜生活中的每個『剛剛好』」。

我想這就跟料理的調味一樣，太甜或太辣都不好吃。人生也是如此，選擇對自己而言最剛好的，換句話說，就是把每一天都過得「恰到好處」。

坦然接受自己需要的東西，有智慧地捨去並不需要的。忘卻不愉快的過去，捨棄名利和慾望，輕巧地轉身離開令你痛苦的人際關係。告別過去緊抓不放的執著與悲傷，就連曾經擁有的美好也必須適度遺忘——這麼做能讓自己更能感知到自己現在的感受、現在想做什麼，進而把自己帶回到「當下」。

即使跟家人的關係再怎麼親密，也要保持剛剛好的距離，溫暖而不疏離。自己能做到的事情就自己來，做不到的就主動開口，請人幫忙。發現有人碰到困難時，在自己能力所及範圍伸出援手。我想，只要摸索出人際關係中的「恰到好處」，就能擁有舒服自在的生活。

剛剛好的遺忘，輕巧地往後退一步，放寬心胸。
保持剛剛好的距離，放鬆心情，開心地生活吧！

藤井英子

剛剛好的遺忘——

該忘的忘，才能記住重要的事！

來自 91 歲現役身心科醫師的 71 則人生智慧，
讓每天都是最好的一天

作者藤井英子
譯者呂盈璇
主編蔡嘉榛
責任編輯唐甜
封面設計徐薇涵 Libao Shiu
內頁美術設計羅光宇

執行長何飛鵬
PCH集團生活旅遊事業總經理暨社長李淑霞
總編輯汪雨菁
行銷企畫經理呂妙君
行銷企畫主任許立心

出版公司
墨刻出版股份有限公司
地址：115台北市南港區昆陽街16號7樓
電話：886-2-2500-7008／傳真：886-2-2500-7796／E-mail：mook_service@hmg.com.tw
發行公司
英屬蓋曼群島商家庭傳媒股份有限公司城邦分公司
城邦讀書花園：www.cite.com.tw
劃撥：19863813／戶名：書虫股份有限公司
香港發行城邦（香港）出版集團有限公司
地址：香港九龍土瓜灣土瓜灣道86號順聯工業大廈6樓A室
電話：852-2508-6231／傳真：852-2578-9337／E-mail：hkcite@biznetvigator.com
城邦（馬新）出版集團 Cite (M) Sdn Bhd
地址：41, Jalan Radin Anum, Bandar Baru Sri Petaling, 57000 Kuala Lumpur, Malaysia.
電話：(603)90563833／傳真：(603)90576622／E-mail：services@cite.my
製版・印刷漾格科技股份有限公司
ISBN978-626-398-141-6・978-626-398-133-1（EPUB）
城邦書號KJ2111 **初版**2025年1月
定價380元
MOOK官網www.mook.com.tw
Facebook粉絲團
MOOK墨刻出版 www.facebook.com/travelmook

國家圖書館出版品預行編目資料

剛剛好的遺忘：該忘的忘,才能記住重要的事!來自91歲現役身心科醫師的71則人生智慧,讓每天都是最好的一天/藤井英子作；呂盈璇譯. -- 初版. -- 臺北市：墨刻出版股份有限公司出版：英屬蓋曼群島商家庭傳媒股份有限公司城邦分公司發行, 2025.01
176面；14.8×21公分. -- (SASUGAS； KJ2111)
譯自：ほどよく忘れて生きていく
ISBN 978-626-398-141-6(平裝)
1.CST: 生活指導 2.CST: 人生哲學 3.CST: 自我實現
191.9 113017512